Sobre o amor

MARIE-HENRI BEYLE, conhecido pelo pseudônimo Stendhal, nasceu em Grenoble em 1783. Mudou-se para Paris em 1799 e, por intermédio de um primo que trabalhava no Ministério da Guerra, obteve um cargo no exército napoleônico. Um ano depois, alistou-se em um regimento no norte da Itália, país que amava mais que o seu. A seguir, trabalhou intermitentemente no setor administrativo do Exército, no qual acompanhou, em 1812, a desastrosa invasão da Rússia. Depois da queda de Napoleão, Stendhal fixou-se em Milão e começou a escrever, mas retornou a Paris em 1821, já que as autoridades austríacas suspeitavam que ele fosse espião francês. Lá elabora o seu célebre estudo de matriz psicológica, *Sobre o amor*, além de um primeiro e malsucedido romance, *Armance*, e, em 1830, sua obra-prima, *O vermelho e o negro*. Tendo aderido à "revolução" daquele ano, solicitou um cargo público ao novo regime e foi nomeado cônsul francês em Civitavecchia, nas proximidades de Roma. Em 1838, de volta a Paris em prolongada licença, escreveu sua segunda obra-prima, *A cartuxa de Parma*. Com a saúde abalada, retornou pela última vez a Paris em 1841 e morreu no ano seguinte. Várias obras autobiográficas foram publicadas postumamente, a exemplo do seu *Journal* [Diário], *Souvenirs d'égotisme* [Memórias de um egoísta] e notadamente um relato de sua juventude, *La Vie de Henry Brulard* [A vida de Henry Brulard].

ROSA FREIRE D'AGUIAR é carioca, jornalista, tradutora e editora. Nos anos 1970 e 1980 foi correspondente em Paris das revistas *Manchete* e *IstoÉ* e do *Jornal da República*. Desde a volta ao Brasil, trabalha no mercado editorial. Traduziu, entre outros autores, Marcel Proust, Montaigne, Louis-Ferdinand Céline, Honoré de Balzac, Gustave Flaubert, La Rochefoucauld, Roberto Bolaño e Italo Calvino. Recebeu os prêmios União Latina de Tradução Científica e Técnica (2001) por *O universo, os deuses, os homens,* de Jean-Pierre Vernant, Jabuti (2009) pela tradução de *A elegância do ouriço*, de Muriel Barbery, o Prêmio Paulo Rónai da Biblioteca Nacional (2019), por *Bússola*, de Mathias Énard. É autora do Livro do Ano (2024) do prêmio Jabuti *Sempre Paris — Crônica de uma cidade, seus escritores e artistas* (2023, Companhia das Letras).

Stendhal

Sobre o amor
Livro primeiro

Tradução e notas
ROSA FREIRE D'AGUIAR

Copyright © 2025 by Penguin-Companhia das Letras
Copyright da tradução © 2025 by Rosa Freire d'Aguiar

Grafia atualizada segundo o Acordo Ortográfico da Língua
Portuguesa de 1990, que entrou em vigor no Brasil em 2009.

Penguin and the associated logo and trade dress are registered
and/or unregistered trademarks of Penguin Books Limited and/or
Penguin Group (USA) Inc. Used with permission.

Published by Companhia das Letras in association with
Penguin Group (USA) Inc.

TÍTULO ORIGINAL
De l'Amour

PREPARAÇÃO
Maria Fernanda Alvares

REVISÃO
Ana Alvares
Clara Diament

Dados Internacionais de Catalogação na Publicação (CIP)
(Câmara Brasileira do Livro, SP, Brasil)

Stendhal, 1783-1842
    Sobre o amor : Livro primeiro / Stendhal : tradução
Rosa Freire d'Aguiar. — 1ª ed. — São Paulo : Penguin-
-Companhia das Letras, 2025.

    Título original: De l'Amour
    ISBN 978-85-8285-218-7

    1. Amor II. Título.

25-249291   CDD-152.41

Índice para catálogo sistemático:
1. Amor : Psicologia 152.41
Cibele Maria Dias — Bibliotecária — CRB-8/9427

Todos os direitos desta edição reservados à
EDITORA SCHWARCZ S.A.
Rua Bandeira Paulista, 702, cj. 32
04532-002 — São Paulo — SP
Telefone: (11) 3707-3500
www.penguincompanhia.com.br
www.companhiadasletras.com.br
www.blogdacompanhia.com.br

Sumário

SOBRE O AMOR   7

Notas   151

Sobre o amor

That you should be made a fool of by a young woman,
why, it is many and honest man's case.
The Pirate, tomo III, p. 77.[1]

Livro primeiro

1.
Sobre o amor

Procuro me dar conta dessa paixão da qual todos os desenvolvimentos sinceros têm um caráter de beleza.

Há quatro amores diferentes:

1º O amor-paixão, este da religiosa portuguesa, este de Heloísa por Abelardo, este do capitão de Vésel, do policial de Cento.[2]

2º O amor-gosto, aquele que reinava em Paris por volta de 1760 e é encontrado nas memórias e nos romances dessa época, em Crébillon, Lauzun, Duclos, Marmontel, Chamfort, Madame d'Épinay etc. etc.

É um quadro em que tudo, até nas sombras, deve ser cor-de-rosa, em que nada de desagradável deve entrar sob nenhum pretexto, sob pena de ir contra o costume, o bom-tom, a delicadeza etc. Um homem bem-nascido sabe de antemão todos os procedimentos que deve ter e encontrar nas diversas fases desse amor; como nada aí é paixão e improviso, ele costuma ter mais delicadeza que o amor verdadeiro, pois sempre tem muito espírito; é uma fria e linda miniatura comparada a um quadro dos Carracci, e enquanto o amor-paixão nos arrebata de um lado a outro por todos os nossos interesses, o amor-gosto sempre sabe se adaptar a eles. É verdade que, se retiramos desse pobre amor a vaidade, resta-lhe bem pouca coisa; uma vez privado de vaidade, é um convalescente enfraquecido que mal consegue se arrastar.

3º O amor físico.

Na caça, encontrar uma bela e viçosa camponesa que foge pelo bosque. Todo mundo conhece o amor baseado nesse gênero de prazeres; por mais seco e tristonho que seja o caráter, começa-se por aí aos dezesseis anos.

4º O amor de vaidade.

A imensa maioria dos homens, sobretudo na França, deseja e tem uma mulher na moda, como se tem um belo cavalo, como coisa necessária ao luxo de um rapaz. A vaidade mais ou menos afagada, mais ou menos estimulada, faz nascerem arrebatamentos. Às vezes há o amor físico, e ainda assim nem sempre; volta e meia não há nem sequer o prazer físico. Uma duquesa nunca tem mais de trinta anos para um burguês, dizia a duquesa de Chaulnes; e os frequentadores da corte do rei Luís da Holanda, esse homem justo, ainda se lembram com alegria de uma linda mulher de Haia que não conseguia deixar de achar encantador um homem que era duque ou príncipe. Mas, fiel ao princípio monárquico, logo que um príncipe chegava à corte o duque era despachado: ela era como a condecoração do corpo diplomático.

O caso mais feliz dessa relação banal é aquele em que o hábito aumenta o prazer físico. Então, as lembranças a fazem parecer um pouco o amor; há o amor-próprio espicaçado e a tristeza quando somos abandonados; e, como as ideias de romance nos agarram pela garganta, acreditamos estar apaixonados e melancólicos, pois a vaidade aspira a se imaginar uma grande paixão. O que há de certo é que qualquer que seja o gênero de amor a que devemos os prazeres, logo que há exaltação da alma eles são profundos, e sua lembrança, arrebatadora; e nessa paixão, ao contrário da maioria das outras, a lembrança do que se perdeu sempre parece acima do que podemos esperar do futuro.

Às vezes, no amor de vaidade, o hábito ou o desespero de encontrar algo melhor produz uma espécie de amizade,

SOBRE O AMOR 13

a menos agradável de todas as espécies; ela se gaba de sua *segurança* etc.*

Sendo parte da natureza, o prazer físico é conhecido de todos, mas ocupa apenas um lugar subalterno aos olhos das almas ternas e apaixonadas. Por isso, se essas almas têm atitudes ridículas no salão, se volta e meia as pessoas mundanas, com suas intrigas, as tornam infelizes, conhecem em compensação prazeres inacessíveis para sempre aos corações que só palpitam pela vaidade ou pelo dinheiro.

Certas mulheres virtuosas e meigas praticamente não têm ideia dos prazeres físicos; raramente se expuseram a eles, se podemos dizer assim, e mesmo então os ímpetos do amor-paixão quase as fizeram esquecer os prazeres do corpo.

Há homens vítimas e instrumentos de um orgulho infernal, de um orgulho como o de Alfieri. Essas pessoas, que talvez sejam cruéis, porque como Nero sempre tremem de medo, julgando todos os homens segundo seu próprio coração, essas pessoas, digo, só conseguem atingir o prazer físico na medida em que é acompanhado pelo maior gozo de orgulho possível, isto é, na medida em que fazem crueldades com a companheira de seus prazeres. Daí os horrores de *Justine*.[3] Esses homens não encontram por menos o sentimento de segurança.

Aliás, em vez de distinguir quatro amores diferentes, pode-se muito bem admitir oito ou dez nuances. Há talvez entre os homens tantas maneiras de sentir quantas maneiras de ver, mas essas diferenças de nomenclatura

---

* Diálogo conhecido de Pont de Veyle com Madame Du Deffand, junto à lareira. (N. T.) (Esta e todas as notas de rodapé são do autor, exceto quando sinalizado em contrário.) [Ao longo de todo o livro, Stendhal menciona uma série de obras literárias, mas nem sempre apresenta a referência bibliográfica completa. Nesta edição, optamos por manter a versão do autor. (N. E.)]

nada mudam os raciocínios que se seguem. Todos os amores que podemos ver neste mundo nascem, vivem e morrem, ou se elevam à imortalidade seguindo as mesmas leis.*

---

* Este livro é traduzido livremente de um manuscrito italiano do sr. Lisio Visconti, jovem da mais alta distinção, que acaba de morrer em Volterra, sua pátria. No dia de sua morte imprevista, permitiu ao tradutor publicar seu ensaio sobre o Amor se ele encontrasse um meio de reduzi-lo a uma forma honesta. Castel Fiorentino, 10 de junho de 1819. (N.A.) [Lisio Visconti é um dos principais pseudônimos que Stendhal adota em *Sobre o amor*. (N.T.)]

2.
Sobre o nascimento do amor

Eis o que se passa na alma:

1º A admiração.

2º Dizemo-nos: "Que prazer lhe dar beijos, recebê-los etc.!".

3º A esperança.

Estudamos as perfeições; é nesse momento que uma mulher deveria se entregar, para o maior prazer físico possível. Mesmo entre as mulheres mais reservadas, os olhos ficam vermelhos no momento da esperança; a paixão é tão forte, o prazer tão profundo, que se trai por sinais impressionantes.

4º Nasceu o amor.

Amar é ter prazer em ver, tocar, sentir por todos os sentidos, e tão perto quanto possível, um objeto amado e que nos ama.

5º Começa a primeira cristalização.[4]

Agrada-nos ornamentar com mil perfeições uma mulher de cujo amor temos certeza; esmiuçamos toda a nossa felicidade com uma complacência infinita. Isso se resume em exagerar uma propriedade maravilhosa que acaba de nos cair do céu, que não conhecemos e de cuja posse estamos seguros.

Deixem a cabeça de um amante trabalhar durante vinte e quatro horas e eis o que encontrarão:

Nas minas de sal de Salzburgo, joga-se nas profundezas

abandonadas da mina um ramo de árvore desfolhado pelo inverno; dois ou três meses depois retiram-no coberto de cristalizações brilhantes: os menores galhos, estes que não são mais grossos que a pata de um chapim, estão guarnecidos de uma infinidade de diamantes, moventes e deslumbrantes; já não é possível reconhecer o ramo primitivo.

O que chamo de cristalização é a operação do espírito que tira de tudo o que se apresenta a descoberta de que o objeto amado tem novas perfeições.

Um viajante fala do frescor dos bosques de laranjeiras em Gênova, à beira do mar, durante os dias escaldantes do verão: que prazer saborear esse frescor ao lado dela!

Um de nossos amigos quebra o braço na caçada: que doçura receber os cuidados de uma mulher a quem amamos! Estar sempre com ela e vê-la sem cessar nos amando faria quase abençoar a dor; e você parte do braço quebrado do seu amigo para não mais duvidar da bondade angélica de sua amante. Em suma, basta pensar numa perfeição para vê-la naquilo que amamos.

Esse fenômeno, que me permito chamar de *cristalização*, vem da natureza que nos ordena ter prazer e envia sangue ao nosso cérebro, vem da sensação de que os prazeres aumentam com as perfeições do objeto amado, e da ideia: ela é minha. O selvagem não tem tempo de ir além do primeiro passo. Sente prazer mas a atividade de seu cérebro é empregada em perseguir o gamo que foge na floresta, e com cuja carne deve restaurar suas forças o mais depressa possível, sob pena de cair sob o machado de seu inimigo.

No outro extremo da civilização, não duvido que uma mulher carinhosa chegue a esse ponto de só encontrar o prazer físico junto ao homem que ama.* É o contrário do selvagem. Mas entre as nações civilizadas a mulher tem

---

* Se essa particularidade não se apresenta no homem é porque ele não tem de sacrificar o pudor por um instante.

SOBRE O AMOR

tempo livre, e o selvagem está tão envolvido com seus afazeres que é obrigado a tratar sua fêmea como uma besta de carga. Se as fêmeas de muitos animais são mais felizes é porque a subsistência dos machos é mais garantida.

Mas deixemos as florestas para voltar a Paris. Um homem apaixonado vê todas as perfeições naquilo que ama; no entanto, a atenção ainda pode ser distraída, pois a alma se sacia com tudo o que é uniforme, até mesmo com a felicidade perfeita.*

Eis o que ocorre para fixar a atenção:

6º Nasce a dúvida.

Depois que dez ou doze olhares, ou qualquer outra série de atos, que podem durar um instante como vários dias, primeiro deram e depois confirmaram as esperanças, o amante, recuperando-se de seu primeiro espanto e tendo se acostumado com sua felicidade, ou guiado pela teoria de que, sempre baseada nos casos mais frequentes, só deve se envolver com mulheres fáceis, o amante, digo, pede garantias mais positivas e quer prolongar sua felicidade.

Opõem-se a ele a indiferença,** a frieza ou até mesmo a raiva, se mostrar demasiada segurança; na França, um toque de ironia que parece dizer: "Você acha que está mais avançado do que está". Uma mulher comporta-se

---

* O que quer dizer que a mesma nuance de existência confere apenas um instante de felicidade perfeita; mas a maneira de ser de um homem apaixonado muda dez vezes por dia.

** O que os romances do século XVII chamavam *coup de foudre* [amor à primeira vista, fulminante], que decide o destino do herói e de sua amante, é um movimento da alma que, mesmo tendo sido estragado por um número infinito de escrevinhadores, nem por isso deixa de existir na natureza; decorre da impossibilidade dessa manobra defensiva. A mulher que ama encontra demasiada felicidade no sentimento que tem para poder conseguir fingir; aborrecida com a prudência, despreza qualquer precaução e entrega-se cegamente à felicidade de amar. A desconfiança torna impossível o *coup de foudre*.

assim, seja porque desperta de um momento de embriaguez e obedece ao pudor, que ela teme ter infringido, seja simplesmente por prudência ou coqueteria.

O amante chega a duvidar da felicidade que prometia a si mesmo; torna-se severo sobre as razões de esperar que pensou ver.

Quer se voltar para os outros prazeres da vida, e *encontra-os aniquilados*. Invade-o o temor de uma terrível desgraça, e com ele, a profunda atenção.

7º Segunda cristalização.

Então começa a segunda cristalização, produzindo como diamantes confirmações da seguinte ideia:

Ela me ama.

A cada quinze minutos da noite que se segue ao nascimento das dúvidas, depois de um instante de terrível infelicidade, o amante pensa: "Sim, ela me ama"; e a cristalização redescobre novos encantos; depois, a dúvida de olhos desvairados se apossa dele e o detém num sobressalto. Seu peito esquece de respirar; ele pensa: "Mas será que ela me ama?". Em meio a essas alternativas dilacerantes e deliciosas o pobre amante sente intensamente: "Ela me daria prazeres que só ela no mundo pode me dar".

É a evidência dessa verdade, é esse caminho pela beira extrema de um precipício pavoroso, enquanto a outra mão toca a felicidade perfeita, que dá tanta superioridade à segunda cristalização em relação à primeira.

O amante divaga sem parar entre estas três ideias:

1º Ela tem todas as perfeições;

2º Ela me ama;

3º Como fazer para obter dela a maior prova possível de amor?

O momento mais dilacerante do amor ainda jovem é aquele em que se dá conta de que fez um raciocínio errado e de que precisa destruir todo um pedaço de cristalização.

Entra-se na dúvida da própria cristalização.

3.
Sobre a esperança

Basta um grau muito pequeno de esperança para provocar o nascimento do amor.

A esperança pode em seguida se esvair, ao fim de dois ou três dias, mas mesmo assim o amor nasceu.

Com um caráter decidido, temerário, impetuoso e uma imaginação desenvolvida pelos infortúnios da vida:

O grau de esperança pode ser menor;

Ela pode cessar mais cedo, sem matar o amor.

Se o amante passou por desgraças, se tem o caráter meigo e pensativo, se está desiludido com outras mulheres, se tem uma admiração profunda por aquela de quem se trata, nenhum prazer ordinário poderá distraí-lo da segunda cristalização. Preferirá sonhar com a chance mais incerta de lhe agradar um dia a receber de uma mulher vulgar tudo o que ela pode lhe oferecer.

Seria preciso que nessa época, e não mais tarde, notem bem, a mulher que ele ama matasse a esperança de maneira atroz e o cobrisse desses desprezos públicos que já não permitem rever as pessoas.

O nascimento do amor admite intervalos muito mais longos entre todas essas épocas.

Ele exige muito mais esperança, e uma esperança muito mais permanente, entre as pessoas frias, fleumáticas, prudentes. O mesmo acontece com as pessoas idosas.

O que garante a duração do amor é a segunda cristalização, durante a qual se vê a todo instante que se trata de ser amado ou morrer. Como, depois dessa convicção de todos os minutos, transformada em hábito por vários meses de amor, conseguir sequer sustentar o pensamento de deixar de amar? Quanto mais forte é um caráter, menos é sujeito à inconstância.

Essa segunda cristalização falta quase totalmente nos amores inspirados pelas mulheres que se entregam depressa demais.

Assim que as cristalizações se realizaram, sobretudo a segunda, que é de longe a mais forte, os olhos indiferentes já não reconhecem o galho de árvore; pois

1º Ele está ornado de perfeições ou de diamantes que os olhos não veem;

2º Está ornado de perfeições que não são para eles.

A perfeição de certos encantos de que lhe fala um antigo amigo de sua amante, e um certo toque de vivacidade percebido em seus olhos, são um diamante da cristalização*

---

* Chamei este ensaio de um livro de ideologia. Meu objetivo foi indicar que, embora se chamasse o *Amor*, não era um romance, e que sobretudo não era divertido como um romance. Peço desculpa aos filósofos por ter tomado a palavra *ideologia*: minha intenção não é certamente usurpar um título que seria por direito de outro. Se a ideologia é uma descrição pormenorizada das ideias e de todas as partes que podem compô-la, o presente livro é uma descrição detalhada e minuciosa de todos os sentimentos que compõem a paixão chamada *amor*. Em seguida, tiro certas consequências dessa descrição; por exemplo, a maneira de curar o amor. Não conheço palavra para dizer, em grego, discurso sobre os sentimentos, assim como ideologia indica discurso sobre as ideias. Poderia ter pedido a algum de meus amigos eruditos que me inventasse uma palavra, mas já estou contrariado o suficiente por ter tido de adotar a palavra nova *cristalização*, e é muito possível que, se este ensaio encontrar leitores, eles não me perdoem esse neologismo. Confesso que haveria talento literário em evitá-lo; tentei, mas sem

SOBRE O AMOR

de Del Rosso.[5] Essas ideias percebidas numa festa o fazem sonhar toda uma noite.

Uma resposta imprevista que me faz ver mais claramente uma alma carinhosa, generosa, ardente ou, como diz o vulgo, *romanesca*,* e que põe acima da felicidade dos

---

sucesso. Sem essa palavra que, a meu ver, expressa o principal fenômeno dessa loucura chamada amor, *loucura* que, porém, proporciona ao homem os maiores prazeres que foi dado aos seres de sua espécie provar na terra, sem o emprego dessa palavra que seria preciso incessantemente substituir por uma perífrase muito longa, a descrição que forneço do que se passa na cabeça e no coração do homem apaixonado tornava-se obscura, pesada, maçante, até mesmo para mim que sou o autor: que dirá, então, para o leitor?

Portanto, exorto o leitor que se sentir chocado demais com essa palavra *cristalização* que feche o livro. Não está em meus votos, e decerto felizmente para mim, ter muitos leitores. Iria me alegrar agradar muito trinta ou quarenta pessoas de Paris que jamais verei, mas que amo loucamente sem conhecê-las. Por exemplo, alguma jovem Madame Roland, lendo às escondidas um volume que esconde bem depressa ao menor ruído, nas gavetas da bancada de seu pai, gravador de caixas de relógio. Uma alma como a de Madame Roland me perdoará, espero, não só a palavra *cristalização* empregada para expressar esse ato de loucura que nos faz perceber todas as belezas, todos os gêneros de perfeição na mulher que começamos a amar, como também várias elipses muito ousadas. Basta pegar um lápis e escrever entre as linhas as cinco ou seis palavras que faltam. (N.A.) [Madame Roland, ou Jeanne-Manon Phlipon, foi guilhotinada em 1793, aos 39 anos, e Stendhal sempre a admirou por sua força de temperamento. (N.T.)]

* Todas as suas ações tiveram primeiro, a meu ver, esse ar celestial que de imediato faz de um homem um ser à parte, o diferencia de todos os outros. Eu pensava ler em seus olhos essa sede de uma felicidade mais sublime, essa melancolia não confessada que aspira a algo melhor do que encontramos nesta terra, e que, em todas as situações em que a fortuna e as revoluções podem pôr uma alma romanesca,

reis o simples prazer de passear sozinha com o amante à meia-noite, num bosque afastado, também me faz sonhar toda uma noite.*

Ele dirá que minha amante é uma pudica; eu direi que a dele é uma *vadia*.

... *Still prompts the celestial sight,*
For which we wish to live, or dare to die.
(Ultima lettera di Bianca a sua madre. Forli, 1817.)
* É para *abreviar* e poder pintar o interior das almas que o autor relata, empregando a fórmula do *eu*, várias sensações que lhe são alheias; ele não tinha nada de pessoal que merecesse ser citado.

4.

Numa alma perfeitamente indiferente, numa mocinha que more num castelo isolado nos confins de um campo, o menor espanto pode provocar uma pequena admiração, e se surgir a mais leve esperança ela dará origem ao amor e à cristalização.

Nesse caso, o amor agrada primeiro como diversão.

A admiração e a esperança são poderosamente secundadas pela necessidade de amor e pela melancolia que se tem aos dezesseis anos. Sabe-se muito bem que a inquietação dessa idade é uma sede de amar, e a característica da sede é não ser excessivamente difícil sobre a natureza da bebida que o acaso lhe apresenta.

Recapitulemos as sete épocas do amor. São elas:

1º A admiração.

2º Que prazer etc.

3º A esperança.

4º Nasceu o amor.

5º Primeira cristalização.

6º Nasce a dúvida.

7º Segunda cristalização.

Pode-se passar um ano entre o nº 1 e o nº 2.

Um mês entre o nº 2 e o nº 3; se a esperança não se apressa em chegar, renuncia-se insensivelmente ao nº 2, por causar desgraça.

Um piscar de olhos entre o nº 3 e o nº 4.

Não há intervalo entre o nº 4 e o nº 5. Não poderiam ser separados senão pela intimidade.

Dependendo do grau de impetuosidade e dos hábitos de atrevimento do temperamento podem-se passar alguns dias entre o nº 5 e o nº 6; não há intervalo entre o nº 6 e o nº 7.

5.

O homem não é livre de deixar de fazer o que lhe dá mais prazer do que todas as outras ações possíveis.*

O amor é como a febre, nasce e se extingue sem que a vontade tenha a menor participação nisso. Esta é uma das principais diferenças entre o amor-gosto e o amor-paixão, e não podemos nos felicitar pelas belas qualidades daquilo que amamos senão como sendo um feliz acaso.

Por fim, o amor pertence a todas as idades: vejam a paixão de Madame du Deffand pelo pouco gracioso Horace Walpole.[6] Talvez ainda se lembrem em Paris de um exemplo mais recente, e sobretudo mais agradável.

Como prova de grandes paixões, só admito suas consequências que são ridículas. Por exemplo, a timidez, prova de amor; não falo da feia vergonha ao sair do colégio.

---

* A boa educação, com respeito aos crimes, é provocar remorsos que, previstos, põem um peso na balança.

6.
O ramo de Salzburgo

A cristalização no amor quase nunca cessa. Eis sua história: enquanto não estamos bem com quem amamos, há a cristalização de uma *solução imaginária*; é apenas pela imaginação que você tem certeza de que tal perfeição existe na mulher que você ama. Depois da intimidade, os temores que renascem incessantemente são apaziguados por soluções mais reais. Assim, a felicidade jamais é uniforme, a não ser na fonte. Cada dia traz uma flor diferente.

Se a mulher amada cede à paixão que sente e cai no erro enorme de matar o medo pela vivacidade de seus ímpetos,* a cristalização para por um instante, mas quando o amor perde algo de sua vivacidade, isto é, seus temores, adquire o encanto de um abandono total, de uma confiança sem limites; um doce hábito vem atenuar todos os pesares da vida, e dar às fruições outro gênero de interesse.

Se você é abandonado, a cristalização recomeça; e cada ato de admiração, a visão de cada felicidade que ela pode lhe dar e com que você já não sonhava termina com esta reflexão dilacerante: "Essa felicidade tão encantadora, *jamais* a reverei!, e perco-a por minha culpa!". Porque se você procura a felicidade em sensações de outro gênero, seu coração se recusa a senti-las. Sua imaginação pinta bem a posição física, ela o põe sobre um cavalo veloz,

---

* Diana de Poitiers, em *A princesa de Clèves*.

na caça, nos bosques do Devonshire;* mas você vê, sente, evidentemente, que ali não teria nenhum prazer. Eis o erro de óptica que produz o tiro de pistola.

O jogo também tem sua cristalização, provocada pelo uso a fazer da quantia que você ganhará.

Os jogos da corte, de que os nobres têm tanta saudade, sob o nome de legitimidade só eram tão atraentes pela cristalização que provocavam. Não havia cortesão que não sonhasse com a fortuna rápida de um Luynes ou de um Lauzun, e nem mulher agradável que não tivesse em perspectiva o ducado de Madame de Polignac. Nenhum governo razoável pode tornar a dar essa cristalização. Nada é mais anti-imaginação do que o governo dos Estados Unidos da América. Vimos que os selvagens, vizinhos deles, quase não conhecem a cristalização. Os romanos não tinham ideia do que era, e só a encontravam pelo amor físico.

O ódio tem sua cristalização; tão logo possamos ter a esperança de nos vingar, recomeçamos a odiar.

Se toda crença em que há algo de *absurdo* ou de *não demonstrado* tende sempre a pôr à frente do partido as pessoas mais absurdas, isso é também um dos efeitos da *cristalização*. Há cristalização até mesmo na matemática (vejam os newtonianos em 1740), nas cabeças que não conseguem a todo instante ter presentes todas as partes da demonstração daquilo em que creem.

Vejam, como prova, o destino dos grandes filósofos alemães cuja imortalidade, tantas vezes proclamada, jamais consegue ir além de trinta ou quarenta anos.

É por não poder se dar conta do *porquê* de seus sentimentos que o homem mais sábio é fanático por música.

Não é possível provar facilmente que se tem razão contra tal contraditor.

---

* Pois, se você pudesse imaginar ali uma felicidade, a cristalização teria conferido à sua amante o privilégio exclusivo de lhe dar essa felicidade.

7.
Sobre as diferenças entre o nascimento do amor nos dois sexos

As mulheres se prendem pelos favores. Como dezenove em cada vinte de seus devaneios habituais são relativos ao amor, depois da intimidade esses devaneios se juntam em torno de um só objeto; põem-se a justificar uma atitude tão extraordinária, tão decisiva e tão contrária a todos os hábitos do pudor. Esse trabalho não existe entre os homens; em seguida, a imaginação das mulheres detalha à vontade instantes tão deliciosos.

Como o amor faz duvidar das coisas mais demonstradas, essa mulher que, antes da intimidade, tinha tanta certeza de que seu amante era um homem acima do vulgo, assim que ela acredita não ter mais nada a lhe recusar teme que ele apenas haja tentado pôr mais uma mulher em sua lista.

Só então aparece a segunda cristalização, que, pelo temor que a acompanha, é de longe a mais forte.*

Uma mulher acredita ter, de rainha, se tornado escrava. Esse estado do espírito e da alma é ajudado pelo êxtase nervoso que nasce de prazeres tanto mais sensíveis na medida em que são mais raros. Por fim, uma mulher, em seu bastidor de bordado, trabalho insípido e que só ocupa as mãos, sonha com seu amante, ao passo que este, galopando pela planície com seu esquadrão, vai para a cadeia se provocar um movimento em falso.

---

* Essa segunda cristalização está ausente nas mulheres fáceis, que estão bem longe de todas essas ideias romanescas.

Portanto, eu acreditaria que a segunda cristalização é muito mais forte entre as mulheres porque o temor é mais profundo: a vaidade e a honra estão comprometidas, ou pelo menos as distrações são mais difíceis.

Uma mulher não pode ser guiada pelo hábito de ser racional, hábito que eu, homem, adquiro forçosamente em meu escritório, trabalhando seis horas todo dia em coisas frias e sensatas. Mesmo fora do amor elas têm uma tendência a se entregar à imaginação e a uma exaltação costumeira; o desaparecimento dos defeitos do objeto amado deve, portanto, ser mais rápido.

As mulheres preferem as emoções à razão; é muito simples: como, em virtude de nossos costumes banais, elas não se encarregam de nenhum negócio na família, *a razão jamais lhes é útil*, jamais sentem que ela serve para alguma coisa.

Ao contrário, a razão lhes é *sempre nociva*, pois só aparece para repreendê-las por terem tido prazer ontem ou para mandá-las não ter mais amanhã.

Deixe sua mulher cuidar de seus negócios com os arrendatários de duas de suas terras, aposto que os registros serão mais bem mantidos do que por você, e então, triste déspota, você terá ao menos o *direito* de se queixar, já que não tem o talento de se fazer amar. Tão logo as mulheres se lançam em raciocínios gerais, fazem amor sem se dar conta. Nas coisas de detalhe, gabam-se de ser mais severas e mais exatas que os homens. A metade do pequeno comércio é confiada às mulheres, que se desincumbem melhor que os maridos. É conhecida a máxima de que quando se fala de negócios com elas jamais se deve ter muita gravidade.

É que elas são sempre e em qualquer lugar ávidas de emoção: vejam os prazeres do enterro na Escócia.

8.

This was her favored fairy realm,
and here she erected her aerial palaces.
Walter Scott, *A noiva de Lammermoor*, 1, 70.*

Uma moça de dezoito anos não tem em seu poder cristalização suficiente, forma desejos muito limitados pela pouca experiência que tem das coisas da vida para estar em condição de amar com tanta paixão como uma mulher de vinte e oito.

Esta noite eu expunha essa doutrina a uma mulher de espírito que alega o contrário.

— Como a imaginação de uma moça não está congelada por nenhuma experiência desagradável, e como o fogo da primeira juventude se encontra em toda a sua força, é possível que ela crie uma imagem maravilhosa a respeito de um homem qualquer. Todas as vezes que encontrar seu amante, gozará não com o que ele é na realidade, mas com essa imagem deliciosa que terá criado.

"Mais tarde, desiludida com esse amante e com todos os homens, a experiência da triste realidade diminuiu-lhe o poder da cristalização, e a desconfiança cortou as asas

---

* "Este era seu reino feérico favorito, e aqui ela ergueu seus palácios aéreos."

SOBRE O AMOR 31

da imaginação. A respeito de qualquer homem que seja, fosse ele um prodígio, ela já não conseguiria forjar uma imagem tão empolgante; portanto, já não poderá amar com o mesmo fogo que na sua primeira juventude. E como no amor só se goza com a ilusão que se criou, nunca a imagem que ela poderá criar aos vinte e oito anos terá o brilho e o aspecto sublime daquela em que se fundava o primeiro amor aos dezesseis, e o segundo amor sempre parecerá de uma espécie degenerada.

— Não, senhora, a presença da desconfiança que não existia aos dezesseis anos é, evidentemente, o que deve dar uma cor diferente a esse segundo amor. Na primeira juventude o amor é como um rio imenso que tudo arrasta em seu curso, e ao qual sentimos que não conseguiríamos resistir. Ora, uma alma terna se conhece aos vinte e oito anos; sabe que, se para ela ainda existe felicidade na vida, é ao amor que precisa pedi-la; trava-se nesse pobre coração agitado uma luta terrível entre o amor e a desconfiança. A cristalização avança lentamente; mas a que sai vitoriosa dessa prova terrível, em que a alma executa todos os seus gestos vendo continuamente o mais terrível perigo, é mil vezes mais brilhante e mais sólida do que a cristalização aos dezesseis anos, em que pelo privilégio da idade tudo era alegria e felicidade.

"Portanto, o amor deve ser menos alegre e mais apaixonado."*

Essa conversa (Bolonha, 9 de março de 1820), que contradiz um ponto que me parecia tão claro, faz-me pensar cada vez mais que um homem não pode dizer quase nada de sensato sobre o que se passa no fundo do coração de uma mulher afetuosa; quanto a uma coquete, é diferente: nós também temos sentidos e vaidade.

A dessemelhança entre o nascimento do amor nos dois sexos deve provir da natureza da esperança, que não é a

---

* Epicuro dizia que o discernimento é necessário para a posse do prazer.

mesma. Um ataca e o outro defende; um pede e o outro recusa; um é ousado, o outro, muito tímido.

O homem pensa: "Conseguirei lhe agradar? Ela quererá me amar?".

A mulher: "Não é de brincadeira que ele diz que me ama? Terá um caráter sólido? Pode responder por si mesmo quanto à duração de seus sentimentos?". É assim que muitas mulheres olham e tratam como uma criança um rapaz de vinte e três anos; se ele participou de seis campanhas, tudo muda para ele, é um jovem herói.

No homem a esperança depende simplesmente das ações de quem ele ama; nada mais fácil de interpretar. Nas mulheres, a esperança deve se fundar em considerações morais muito difíceis de apreciar corretamente. A maioria dos homens solicita uma prova de amor, que encaram como se dissipasse todas as dúvidas; as mulheres não são felizes o suficiente para poder encontrar tal prova; e na vida há essa desgraça de que o que é a segurança e a felicidade de um dos amantes é o perigo e quase a humilhação do outro.

No amor os homens arriscam-se ao tormento secreto da alma, as mulheres se expõem às brincadeiras do público; são mais tímidas, e aliás a opinião pública pesa muito mais para elas, pois *seja bem considerada, é necessário.**

Elas não dispõem de um meio seguro de subjugar a opinião pública expondo por um instante sua vida.

Portanto, as mulheres devem ser muito mais desconfiadas. Em virtude de seus hábitos, todos os gestos intelectuais que formam as épocas do nascimento do amor são nelas mais suaves, mais tímidos, mais lentos, menos decididos; há, assim, mais disposições para a constância; elas devem desistir menos facilmente de uma cristalização iniciada.

---

* Lembramo-nos da máxima de Beaumarchais: "A natureza diz à mulher: seja bela se puder, comportada se quiser, mas seja considerada, é necessário". Na França, sem consideração não há admiração, portanto não há amor.

SOBRE O AMOR

Ao ver seu amante, uma mulher reflete com rapidez ou se entrega à felicidade de amar, felicidade da qual é privada desagradavelmente se ele fizer o menor ataque, pois para empunhar as armas é preciso abandonar todos os prazeres.

O papel do amante é mais simples; olha nos olhos de quem ama, um só sorriso pode deixá-lo no auge da felicidade, e ele procura permanentemente obtê-lo.* Um homem é humilhado pela demora do cerco; ao contrário, ela faz a glória de uma mulher.

Uma mulher é capaz de amar e, num ano inteiro, dizer apenas dez ou doze palavras ao homem que prefere. Anota no fundo de seu coração o número de vezes que o viu; foi duas vezes com ele ao espetáculo, duas outras vezes viu-se jantando com ele, que a cumprimentou três vezes no passeio.

Uma noite, durante uma pequena brincadeira, ele lhe beijou a mão; observe-se que, desde então, ela não mais permite, sob nenhum pretexto e mesmo arriscando-se a parecer esquisita, que lhe beijem a mão.

Num homem, esse comportamento seria chamado de amor feminino, nos dizia Léonore.[7]

---

*"Quando leggemo il disiato riso/ Esser baciato da cotanto amante,/ Questi che mai da me non fia diviso,/ La bocca mi bacciò tutto tremante." ["Quando lemos que o desejado riso/Foi beijado por tal amante,/Este, que de mim nunca será separado,/Beijou-me todo trêmulo a boca."] (Dante, Francesca da Rimini.)

9.

Faço todos os esforços possíveis para ser *seco*. Quero impor silêncio a meu coração, que pensa ter muito a dizer. Sempre temo ter escrito só um suspiro, quando creio ter anotado uma verdade.

10.

Como prova da cristalização, me contentarei de lembrar a seguinte história.*

Uma jovem criatura ouve dizer que Édouard, seu parente que vai voltar do Exército, é um rapaz da maior distinção; garantem-lhe que ele a ama por causa de sua reputação; mas provavelmente quererá vê-la antes de se declarar e de pedir sua mão a seus pais. Ela observa um jovem estrangeiro na igreja, ouve o chamarem de Édouard, já não pensa senão nele, ama-o. Oito dias depois, chega o verdadeiro Édouard, não é aquele da igreja, ela empalidece, e será infeliz para sempre se a forçarem a se casar com ele.

Eis o que os pobres de espírito chamam de um dos disparates do amor.

Um homem generoso cobre uma moça infeliz dos presentes mais delicados; não é possível haver mais virtudes, e o amor ia nascer, mas ele usa um chapéu mal-ajambrado, e ela o vê montar a cavalo de maneira desajeitada; a moça confessa, suspirando, que não pode corresponder às solicitudes que ele lhe demonstra.

Um homem corteja a mais honrada mulher de sociedade; ela é informada de que esse cavalheiro passou por desgraças físicas e ridículas: ele se torna insuportável para

---

* Empoli, junho de 1819.

ela. No entanto, não tinha nenhum plano de algum dia entregar-se a ele, e essas desgraças secretas não prejudicam em nada seu espírito e sua amabilidade. É que pura e simplesmente a cristalização se tornou impossível.

Para que um ser humano possa cuidar, deliciado, da divinização de um objeto amado, que ele seja agarrado na floresta das Ardenas ou no baile de Coulon, é preciso, primeiro, que ele lhe pareça perfeito, não em todos os aspectos possíveis, mas em todos os aspectos que ele vê naquele momento; só lhe parecerá perfeito, em todos os aspectos, depois de vários dias da segunda cristalização. É muito simples, basta então ter a ideia de uma perfeição para vê-la em quem se ama.

Percebe-se em que a *beleza* é necessária para o nascimento do amor. É preciso que a feiura não crie um obstáculo. O amante logo chega a achar bela a sua amante tal como ela é, sem pensar na *verdadeira beleza*.

Os traços que formam a verdadeira beleza lhe prometeriam, se os visse, e se ouso me expressar assim, uma quantidade de felicidade que expressarei pelo número um, e os traços de sua amante tais como são lhe prometem mil unidades de felicidade.

Antes do nascimento do amor, a beleza é necessária como *insígnia*; predispõe a essa paixão pelos elogios que pretendemos dar a quem amaremos. Uma admiração muito profunda torna decisiva a menor esperança.

No amor-gosto, e talvez nos primeiros cinco minutos do amor-paixão, uma mulher que toma um amante leva mais em conta a maneira como as outras mulheres veem esse homem do que a maneira como ela mesma o vê.

Daí os êxitos dos príncipes e dos oficiais.*

---

* "*Those who remarked in the countenance of this young hero a dissolute audacity mingled with extreme haughtiness and indifference to the feelings of others, could not yet deny to his countenance that sort of comeliness which belongs to an open set of*

SOBRE O AMOR   37

As mulheres bonitas da corte do velho Luís xiv eram apaixonadas por esse príncipe.

É preciso evitar conferir facilidades à esperança antes de ter certeza de que há admiração. Far-se-ia nascer a insipidez, que impossibilita para sempre o amor, ou pelo menos que só se pode curar pela farpa do amor-próprio.

Ninguém simpatiza com o *tolo*, nem com o sorriso dado a qualquer um; daí, em sociedade, a necessidade de um verniz de esperteza; é a nobreza das maneiras. Não se colhe nem sequer o *riso* numa planta degradada demais. No amor, nossa vaidade desdenha uma vitória muito fácil e, em todos os gêneros, o homem não está sujeito a exagerar o preço do que lhe oferecem.

---

features, well formed by nature, modelled by art to the usual rules of courtesy, yet so far frank and honest, that they seemed as if they disclaimed to conceal the natural working of the soul. Such an expression is often mistaken for manly frankness, *when in truth it arises from the reckless indifference of a libertine disposition, conscious of superiority of birth, of wealth, or of some others adventitious advantage totally unconnected with personal merit.*" ["Os que observavam no aspecto desse jovem herói uma audácia dissoluta junto com uma extrema vaidade e uma audácia completa pelos sentimentos dos outros não podiam, porém, negar a essa atitude essa espécie de graça que pertence a uma fisionomia aberta, cujos traços bem formados pela natureza, modelados artificialmente segundo as regras usuais da cortesia, são tão francos e honestos que pareciam se negar a dissimular as emoções naturais da alma. Tal expressão costuma ser confundida com uma *franqueza masculina*, quando na verdade resulta da indiferença despreocupada de um temperamento libertino consciente da superioridade do nascimento, da fortuna, ou de algumas outras vantagens fortuitas totalmente desligadas do mérito pessoal."] (Walter Scott, *Ivanhoé*, tomo i, p. 145.)

11.

Uma vez começada a cristalização, desfrutamos deliciados de cada nova beleza que descobrimos em quem amamos.

Mas o que é a beleza? É uma nova aptidão a nos dar prazer.

Os prazeres de cada indivíduo são diferentes, e volta e meia opostos: isso explica muito bem como o que é beleza para um indivíduo é feiura para outro (exemplo conclusivo de Del Rosso e de Lisio, em 1º de janeiro de 1820).

Para descobrir a natureza da beleza, convém procurar qual é a natureza dos prazeres de cada indivíduo; por exemplo, Del Rosso precisa de uma mulher que suporte alguns gestos arriscados, e que, por seus sorrisos, autorize coisas muito alegres; uma mulher que, a todo instante, mantenha os prazeres físicos diante de sua imaginação, e que a um só tempo excite o gênero de amabilidade de Del Rosso e lhe permita exibi-la.

Del Rosso entende o amor, aparentemente, como o amor-próprio, e Lisio, como o amor-paixão. Nada mais evidente que o fato de que eles não devam concordar sobre a palavra *beleza*.*

Portanto, sendo a beleza que você descobrirá uma nova

---

* Minha *beleza*, promessa de um caráter útil à minha alma, está acima da atração dos sentidos; essa atração é apenas uma espécie particular. 1815.

aptidão para lhe dar prazer, e variando os prazeres como os indivíduos, a cristalização formada na cabeça de cada homem deve trazer a *cor* dos prazeres desse homem.

A cristalização da amante de um homem, ou sua BELEZA, não é outra coisa além da coleção de TODAS AS SATISFAÇÕES de todos os desejos que ele conseguiu formar sucessivamente a seu respeito.

12.
Continuação da cristalização

Por que desfrutamos deliciados de cada nova beleza que descobrimos em quem amamos?

É que cada nova beleza nos dá a satisfação plena e inteira de um desejo. Você a deseja afetuosa, ela é afetuosa; em seguida você a quer orgulhosa como a Emilie de Corneille, e, embora essas qualidades sejam provavelmente incompatíveis, ela aparece no mesmo instante com uma alma romana. Eis a razão moral por que o amor é a mais forte das paixões. Nas outras, os desejos devem se acomodar com as frias realidades; aqui, são as realidades que se empenham em se moldar a partir dos desejos; é, portanto, a paixão em que os desejos violentos têm as maiores fruições.

Há condições gerais de felicidade que estendem seu domínio a todas as satisfações de desejos particulares.

1º Ela parece sua propriedade, pois só você é que pode torná-la feliz.

2º Ela é juíza do seu mérito. Essa condição era muito importante nas cortes galantes e cavalheirescas de Francisco I e de Henrique II, e na corte elegante de Luís XV. Num governo constitucional e racional, as mulheres perdem toda essa área de influência.

3º Para os corações romanescos, quanto mais ela tiver a alma sublime, mais serão celestiais e livres da lama de todas as considerações vulgares os prazeres que você encontrará em seus braços.

SOBRE O AMOR   41

A maioria dos jovens franceses de dezoito anos é aluna de J.-J. Rousseau; essa condição de felicidade é importante para eles.

Em meio a operações tão decepcionantes para o desejo de felicidade, a cabeça se perde.

A partir do momento em que ama, o homem mais sensato não vê mais nenhum objeto *tal como ele é*. Exagera para menos suas próprias qualidades, e para mais os menores favores do objeto amado. Os temores e as esperanças assumem no mesmo instante alguma coisa de *romanesco* (de *wayward*).[8] Ele não atribui mais nada ao acaso; perde a sensação de probabilidade; uma coisa imaginada é uma coisa existente para efeito de sua felicidade.*

Um sinal aterrador de que está perdendo a cabeça é que, pensando em algum pequeno fato, difícil de observar, você o vê branco e o interpreta em favor do seu amor; um instante depois percebe que, na verdade, ele era preto, e você ainda o acha conclusivo em favor do seu amor.

É então que uma alma às voltas com as incertezas mortais sente intensamente a necessidade de um amigo; mas para um amante não existe mais amigo. Sabia-se disso na corte. Esta é a fonte do único gênero de indiscrição que uma mulher delicada possa perdoar.

---

* Há uma causa física, um começo de loucura, uma afluência de sangue para o cérebro, uma desordem nos nervos e no centro cerebral. Ver a coragem efêmera dos cervos e a cor dos pensamentos de um *sopranista*. Em 1822 a fisiologia nos dará a descrição da parte física desse fenômeno. Recomendo-o à atenção do sr. Edwards.

13.
Sobre o primeiro passo, a alta sociedade, as desgraças

O que há de mais espantoso na paixão do amor é o primeiro passo, é a extravagância da mudança que se opera na cabeça de um homem.

A alta sociedade, com suas festas brilhantes, serve ao amor como algo que favorece esse *primeiro passo*.

Ele começa por transformar a admiração simples (nº 1) em admiração carinhosa (nº 2): "Que prazer lhe dar beijos" etc.

Uma valsa rápida, num salão iluminado com mil velas, joga nos corações jovens uma embriaguez que eclipsa a timidez, aumenta a consciência das forças e lhes dá enfim a *audácia de amar*. Pois ver um objeto muito amado não basta; ao contrário, a extrema amabilidade desencoraja as almas ternas; é preciso vê-lo, senão amando a você,* ao menos despojado de sua majestade.

Quem se atreve a se apaixonar por uma rainha, a não ser que ela tome a dianteira?**

Portanto, nada é mais favorável ao nascimento do amor do que a mistura de uma solidão enfadonha e de alguns bai-

---

* Daí a possibilidade das paixões de origem artificial, estas e a de Benedict e Beatrix (Shakespeare).

** Ver os amores de Struenzee em *As cortes do Norte*, de Brown, 3 v., 1819.

SOBRE O AMOR

les raros e por muito tempo desejados; é o comportamento das boas mães de família que têm filhas.

A verdadeira alta sociedade tal como a que existe na corte da França,* e que, creio, não existe mais desde 1780,** era pouco favorável ao amor, por tornar quase impossíveis a *solidão* e o tempo livre, indispensáveis para o trabalho das cristalizações.

A vida da corte cria o hábito de ver e executar um grande número de *nuances*, e a menor nuance pode ser o começo de uma admiração e de uma paixão.***

Quando as desgraças próprias ao amor se misturam com outras desgraças (desgraças de *vaidade*, se a sua amante ofende o seu justo orgulho, os seus sentimentos de honra e de dignidade pessoal; desgraças de saúde, de dinheiro, de perseguição política etc.), é só na aparência que o amor aumenta com esses contratempos; como eles ocupam a imaginação com outra coisa, impedem, no amor esperançoso, as cristalizações, e no amor feliz, o nascimento das pequenas dúvidas. Quando essas desgraças desaparecem, a doçura do amor e sua loucura retornam.

---

* Ver as *Lettres* de Madame du Deffand, de Mademoiselle de Lespinasse, as *Mémoires* de Besenval, de Lauzun, de Madame d'Épinay, o *Dictionnaire des Etiquettes* de Madame de Genlis, as *Mémoires* de Dangeau, de Horace Walpole.

** A não ser talvez na corte de Petersburgo.

*** Ver Saint-Simon e *Werther*. Por mais terno e delicado que seja um solitário, sua alma é distraída, uma parte de sua imaginação é usada para prever a sociedade. A força de caráter é um dos encantos que mais seduzem os corações realmente femininos. Daí o sucesso dos jovens oficiais muito graves. As mulheres sabem muito bem estabelecer a diferença entre a violência dos movimentos da paixão, que elas sentem tão possíveis em seus corações, e a força de caráter; as mulheres mais distintas às vezes são enganadas com um pouco de charlatanismo desse gênero. É possível se servir disso sem nenhum temor assim que se percebe que a cristalização começou.

Reparem que as desgraças favorecem o nascimento do amor entre os temperamentos levianos ou insensíveis; e que, depois de seu nascimento, se as desgraças são anteriores, favorecem o amor no sentido de que a imaginação, desgostosa com as outras circunstâncias da vida que só fornecem imagens tristes, joga-se por inteiro na realização da cristalização.

14.

Este é um efeito que me será contestado, e que só apresento aos homens, direi, bastante infelizes por terem amado com paixão durante longos anos, e com um amor contrariado por obstáculos invencíveis.

A visão de tudo o que é extremamente belo, na natureza e nas artes, reaviva a lembrança de quem amamos, com a rapidez do raio. É que, pelo mecanismo do ramo de árvore guarnecido de diamantes na mina de Salzburgo, tudo o que é belo e sublime no mundo faz parte da beleza de quem amamos, e essa visão imprevista da felicidade enche instantaneamente de lágrimas os nossos olhos. É assim que o amor ao belo e o amor se dão vida mutuamente.

Uma das desgraças da vida é que essa felicidade de ver a pessoa amada e de falar com ela não deixa lembranças visíveis. Aparentemente a alma fica perturbada demais por suas emoções para estar atenta àquilo que as causa ou àquilo que as acompanha. Ela é a própria sensação. Talvez seja por não conseguirem se desgastar por lembranças em profusão que esses prazeres se renovam com tanta força assim que algum objeto vem nos tirar do devaneio dedicado à mulher que amamos, e nos rememorá-la mais intensamente por um novo aspecto.*

Um velho e seco arquiteto a encontrava todas as noites

---

* Os perfumes.

em sociedade. Arrastado pela *naturalidade* e sem prestar atenção ao que eu lhe dizia,* um dia lhe fiz um elogio carinhoso e pomposo, e ela caçou de mim. Não tive força de lhe dizer: "Ele vê você toda noite!".

Essa sensação é tão poderosa que se estende até a pessoa de minha inimiga,[9] que está sempre próxima dela. Quando a vejo, ela me lembra tanto Léonore, que não consigo odiá-la nesse momento, por mais esforço que faça.

Dir-se-ia que por um estranho capricho do coração a mulher amada comunica mais encanto do que tem. A imagem da cidade distante onde a vimos por um instante** provoca um devaneio mais profundo e mais doce do que sua própria presença. É o efeito dos rigores.

O devaneio do amor não pode ser registrado. Observo que posso reler um bom romance a cada três anos com o mesmo prazer. Ele me dá sensações semelhantes ao gênero de gosto suave que me domina no momento, ou me proporciona variedade nas minhas ideias, caso eu não sinta nada. Também posso escutar com prazer a mesma música, mas a memória não deve tentar se meter nesse assunto. É unicamente a imaginação que deve ser afetada; se uma ópera dá mais prazer na vigésima representação, é porque compreendemos melhor a música, ou porque nos lembra a sensação do primeiro dia.

Quanto às novas visões que um romance sugere para o conhecimento do coração humano, lembro-me muito bem das antigas; gosto até mesmo de encontrá-las anotadas na margem. Mas esse gênero de prazer se aplica aos romances, como que me avançando no conhecimento do homem, e de jeito nenhum ao devaneio, que é o verdadeiro prazer do romance. Esse devaneio é irregistrável. Anotá-lo

---

* Ver a nota da p. 22.
** *"Nessun maggior dolore/ che ricordarsi del tempo felice/ nella miseria."* ["Nenhuma dor maior/ que recordar-se do tempo feliz/ na miséria."] (Dante, *Inferno*, canto v.)

SOBRE O AMOR

é matá-lo para o presente, pois caímos na análise filosófica do prazer; é matá-lo ainda mais certamente para o futuro, pois nada paralisa a imaginação como o apelo à memória. Se encontro na margem uma anotação que descreve minha sensação ao ler *Old Mortality* em Florença, há três anos, no mesmo instante mergulho na história de minha vida, na avaliação do grau de felicidade nas duas épocas, na mais alta filosofia, em suma, e adeus por muito tempo ao livre curso das sensações suaves.

Todo grande poeta que tem uma forte imaginação é tímido, isto é, teme os homens pelas interrupções e perturbações que podem causar a seus deliciosos devaneios. É sua própria *atenção* que ele receia. Os homens, com seus interesses grosseiros, vêm tirá-lo dos jardins de Armida para empurrá-lo num lamaçal fétido, e não conseguem torná-lo atento a eles senão irritando-o. É pelo hábito de alimentar sua alma de devaneios comoventes, e por seu horror ao vulgar, que um grande artista está tão perto do amor.

Quanto mais um homem é grande artista, mais deve desejar os títulos e as condecorações, como uma muralha.

15.

Encontramos, no meio da paixão mais violenta e mais contrariada, momentos em que pensamos de repente não mais amar; é como uma fonte de água doce no meio do mar. Quase já não sentimos prazer em sonhar com nossa amante; e, embora acabrunhados por seus rigores, nos julgamos ainda mais infelizes por já não termos interesse em nada na vida. O nada mais triste e mais desanimado sucede a um modo de ser talvez agitado, mas que apresentava toda a natureza sob um aspecto novo, apaixonado, interessante.

É que a última visita que você fez a quem ama o deixou numa situação em que, mais uma vez, sua imaginação colheu tudo o que ela pode dar como sensações. Por exemplo, depois de um período de frieza, ela o trata menos mal e o deixa imaginar exatamente o mesmo grau de esperança, e pelos mesmos sinais exteriores, do que em outra época; tudo isso, talvez, sem que ela desconfie. Como a imaginação encontra em seu caminho a memória e suas tristes opiniões, a cristalização* cessa de imediato.

---

* Aconselham-me, primeiro, a tirar essa palavra, ou, se eu não conseguir, por falta de talento literário, lembrar várias vezes que entendo por *cristalização* uma certa febre da imaginação, a qual torna irreconhecível um objeto no mais das vezes bastante ordinário, e o torna um ser à parte. Nas almas que não conhecem outro

16.

Num pequeno porto cujo nome desconheço,
perto de Perpignan, 25 de fevereiro de 1822.*

Acabo de sentir esta noite que a música, quando é perfeita,
põe o coração exatamente na mesma situação em que se
encontra quando goza da presença de quem ama; isto é,
proporciona a felicidade aparentemente mais intensa que
existe nesta terra.

Se fosse assim para todos os homens, nada no mundo
disporia mais ao amor.

Mas já observei em Nápoles, no ano passado, que a
música perfeita, assim como a pantomima perfeita,** me
faz pensar no que constitui atualmente o objeto de meus
devaneios, e me faz brotarem ideias excelentes; em Nápoles, era sobre a maneira de armar os gregos.

———

caminho além da vaidade para chegar à felicidade, é necessário que
o homem que procura excitar essa febre ponha muito bem a sua
gravata e seja constantemente atento a mil detalhes que excluem
todo abandono. As mulheres da sociedade admitem o efeito, mesmo negando ou não vendo a causa.

* Cópia do diário de Lisio.

** *Othello* e *La Vestale*, balés de Viganò, executados por La
Pallerini e Molinari.

Ora, esta noite não consigo dissimular que tenho a desgraça *of being too great an admirer of milady L.*[10]

E talvez a música perfeita que tive a felicidade de encontrar, depois de dois ou três meses de privação, embora indo todas as noites à Ópera, tenha muito simplesmente produzido seu efeito reconhecido já há tempos, quero dizer, aquele de fazer pensar profundamente no que me ocupa.

4 de março, oito dias depois.

Não ouso apagar nem aprovar a observação anterior. É certo que, quando a escrevia, lia-a em meu coração. Se hoje a ponho em dúvida talvez seja porque perdi a lembrança do que então eu via.

O hábito da música e de seu devaneio predispõe ao amor. Uma ária suave e triste, contando que não seja dramática demais, que a imaginação não seja forçada a pensar na ação, excitando puramente o devaneio do amor, é deliciosa para as almas afetuosas e infelizes: por exemplo, o solo prolongado de clarineta, no começo do quarteto de *Bianca e Faliero*, e o relato de La Camporesi, pelo meio do *quartetto*.

O amante que está bem com quem ama desfruta com empolgação do famoso dueto de *Armida e Rinaldo*, de Rossini, que retrata com tanto acerto as pequenas dúvidas do amor feliz, e os instantes de delícias que se seguem às reconciliações. O trecho instrumental da metade do dueto, no momento em que Rinaldo quer fugir, e que representa de modo tão surpreendente o combate das paixões, parece-lhe ter uma influência física sobre seu coração e tocá-lo realmente. Não ouso dizer o que sinto a esse respeito; passaria por louco entre as pessoas do Norte.

17.
A beleza destronada
pelo amor

Albéric encontra num camarote uma mulher mais bela que sua amante; suplico que me permitam uma avaliação matemática: isto é, cujos traços prometam três unidades de felicidade em vez de duas (suponho que a beleza perfeita dê uma quantidade de felicidade expressada pelo número quatro).

Será de surpreender que ele prefira os traços de sua amante, que lhe prometem cem unidades de felicidade? Até mesmo os pequenos defeitos de seu rosto, uma marca de bexiga, por exemplo, provocam enternecimento no homem que ama e o atiram num devaneio profundo quando ele os repara em outra mulher; que dirá então em sua amante? É que ele experimentou mil sensações em presença daquela marca de varíola, que essas sensações são na maioria deliciosas, são todas do mais alto interesse e, quaisquer que sejam, renovam-se com inacreditável intensidade à vista desse sinal, mesmo percebido no rosto de outra mulher.

Se assim conseguimos preferir e amar a *feiura*, é que nesse caso a feiura é beleza.* Um homem amava apaixonadamente uma mulher muito magra e com marcas de bexiga; a morte a tomou dele. Três anos depois, em Roma,

* A beleza é apenas a *promessa* de felicidade. A felicidade de um grego era diferente da felicidade de um francês de 1822. Vejam os olhos da Vênus de Médicis e comparem-nos com os olhos da Madalena de Pordenone (na casa do sr. de Sommariva).

admitido na familiaridade de duas mulheres, uma mais bela que o dia, a outra magra, com marcas de bexiga, e por isso, se quiserem, bastante feia, vejo-o amar a feia ao fim dos oito dias que ele emprega em apagar essa feiura por suas lembranças; e, por uma faceirice bem desculpável, a menos bonita não deixou de ajudá-lo, fustigando-lhe um pouco o sangue, coisa útil nessa operação.* Um homem encontra uma mulher e fica chocado com sua feiura; breve, se ela não tem pretensões, sua fisionomia o leva a esquecer os defeitos de suas feições, ele a acha agradável e imagina ser possível amá-la; oito dias depois, tem esperanças, oito dias depois, tiram-lhe as esperanças, oito dias depois, ele está louco.

* Se temos certeza do amor de uma mulher, examinamos se ela é mais ou menos bela; se duvidamos de seu coração, não temos tempo de pensar em seu rosto.

18.

Observa-se no teatro acontecer algo análogo com os atores queridos pelo público; os espectadores deixam de ser sensíveis ao que eles podem ter de beleza ou de feiura real. Le Kain, apesar de sua feiura notável, suscitava paixões em profusão; Garrik também, por várias razões; mas, primeiro, porque já não se via a beleza real de suas feições ou de suas maneiras, e sim aquela que, fazia muito tempo, a imaginação se acostumara a lhes atribuir, em reconhecimento e como lembrança de todos os prazeres que tinham lhe dado; e, por exemplo, só o rosto de um ator cômico faz rir assim que ele entra em cena.

Uma moça que levassem pela primeira vez ao Français poderia muito bem sentir certa aversão por Le Kain durante a primeira cena; mas logo ele a faria chorar ou tremer; e como resistir aos papéis de Tancrède* ou de Orosmane? Se para ela a feiura ainda era um pouco visível, os arroubos de todo um público e o efeito *nervoso* que produzem num jovem coração** chegavam bem depressa a eclipsá-la. En-

---

* Ver Madame de Staël, em *Delphine*, creio: eis o artifício das mulheres mais bonitas.
** É a essa simpatia nervosa que eu ficaria tentado a atribuir o efeito prodigioso e incompreensível da música na moda (em Dresden, quanto a Rossini, 1821). Assim que ela não está mais na moda, nem por isso se torna ruim, e no entanto não faz mais efeito

tão, da feiura só restava o nome, e nem sequer o nome, pois ouviam-se mulheres entusiastas de Le Kain exclamarem: "Como ele é bonito!".

Lembremo-nos de que a *beleza* é a expressão do caráter, ou, dito de outra maneira, dos hábitos morais, e que por conseguinte é isenta de qualquer paixão. Ora, é de *paixão* que precisamos; a beleza só pode nos fornecer *probabilidades* sobre uma mulher, e também probabilidades sobre o que ela é a sangue-frio; e os olhares da sua amante com marcas de bexiga são uma realidade encantadora que aniquila todas as probabilidades possíveis.

---

nos corações de boa-fé das moças. Talvez lhes agradasse também porque excitava os ímpetos dos jovens.

19.
Continuação das exceções à beleza

As mulheres inteligentes e carinhosas, mas de sensibilidade tímida e desconfiada, que no dia seguinte ao dia em que apareceram em sociedade repassam mil vezes em revista e com timidez doentia o que puderam ter dito ou deixado adivinhar; essas mulheres, digo, acostumam-se facilmente com a ausência de beleza nos homens, e isso quase não é um obstáculo para lhes suscitar o amor.

É pelo mesmo princípio que somos quase indiferentes ao grau de beleza de uma amante adorada e que nos cumula de rigores. Já praticamente não há cristalização de beleza; e quando o amigo que quer nos curar nos diz que ela não é bonita, quase concordamos, e ele acredita ter dado um grande passo.

Meu amigo, o bravo capitão Trab, me descrevia esta noite o que sentira outrora ao ver Mirabeau.

Ninguém, olhando para esse grande homem, experimentava pelos olhos uma sensação desagradável, isto é, ninguém o achava feio. Levados por suas palavras fulminantes, todos só ficavam atentos, só sentiam prazer em ficar atentos ao que era *belo* em sua figura. Como quase não havia feições *belas* (a beleza da escultura, ou a beleza da pintura), só se prestava atenção ao que era *belo** de outra beleza, a beleza da expressão.

* É esta a vantagem de estar na moda. Abstraindo os defeitos do rosto já conhecidos, e que não causam mais nada na imaginação, nos apegamos a uma das três belezas seguintes:

Ao mesmo tempo que a atenção fechava os olhos para tudo o que era feio, pitorescamente falando, apegava-se com entusiasmo aos menores detalhes passáveis, por exemplo à *beleza* de sua vasta cabeleira; se ele tivesse chifres, os achariam belos.*

1º No povo, à ideia de riqueza;

2º Na sociedade, à ideia de elegância material ou moral;

3º Na corte, à ideia: quero agradar às mulheres. Quase em toda parte há uma mistura dessas três ideias.

A felicidade ligada à ideia de riqueza junta-se à delicadeza nos prazeres que se segue à ideia de elegância, e o conjunto se aplica ao amor. De uma maneira ou de outra, a imaginação é arrastada pela novidade. Chega assim a se ocupar de um homem muito feio sem pensar em sua feiura, e com o tempo sua feiura torna-se beleza. Em Viena, em 1788, Madame Viganò, bailarina, a mulher na moda, era gorda, e as damas logo exibiram barriguinhas *à la Viganò*. Inversamente, pelas mesmas razões, nada tão pavoroso como uma moda antiquada. O mau gosto é confundir a moda, que só vive de mudanças, com o belo duradouro, fruto de tal governo, dirigindo tal clima. Um edifício na moda, daqui a dez anos, será uma moda antiquada. Será menos desagradável daqui a duzentos anos, quando se tiver esquecido a moda. Os amantes são muito loucos em pensar em se vestir bem; temos mais o que fazer ao vermos quem amamos do que pensar em sua toalete; olhamos para a amante e não a examinamos, diz Rousseau. Se esse exame acontece, estamos lidando com o amor-gosto e não mais com o amor-paixão. O ar brilhante da beleza quase desagrada em quem amamos; estamos pouco ligando para vê-la bela, a desejaríamos carinhosa e lânguida. Os enfeites só têm efeito no amor para as mocinhas, que, severamente mantidas na casa paterna, volta e meia se apaixonam pelos olhos.

Dito por L., 15 de setembro de 1820.

Assinado: O pequeno Germain, *Mémoires de Gramont*.

* Seja por seu brilho, seja por seu tamanho, seja por sua forma; é assim, ou pela ligação de sentimentos (ver mais acima as marcas de bexigas), que uma mulher que ama se acostuma com os defeitos de seu amante. A princesa russa C. acostumou-se muito bem

SOBRE O AMOR 57

A presença todas as noites de uma bonita bailarina provoca uma atenção forçada nas almas entediadas ou privadas de imaginação que guarnecem o balcão da Ópera. Por seus movimentos graciosos, ousados e singulares, ela desperta o amor físico e lhes proporciona talvez a única cristalização que ainda é possível. É assim que uma mulher horrorosa, que não seria honrada por um olhar na rua, nem mesmo vindo de pessoas decrépitas, se aparecer com frequência no palco consegue ser sustentada muito bem. Geoffroy dizia que o teatro é o pedestal das mulheres. Quanto mais uma bailarina é famosa e decrépita, mais vale. Daí o provérbio dos bastidores: "Aquela que não estaria ali para se dar estaria para se vender". Essas moças roubam de seus amantes uma parte de suas paixões, e são muito sujeitas ao amor *por picuinha*.

Como fazer para não ligar sentimentos generosos ou agradáveis à fisionomia de uma atriz cujas feições nada têm de chocantes, que todas as noites olhamos por duas horas expressando os sentimentos mais nobres, e que não conhecemos de outra maneira? Quando enfim conseguimos ser admitidos na casa dela, suas feições nos lembram sentimentos tão agradáveis que toda a realidade que a cerca, por menos nobre que seja por vezes, cobre-se no mesmo instante de um tom romanesco e tocante.

"Em minha primeira juventude, entusiasta dessa maçante tragédia francesa,* quando eu tinha a felicidade de

---

com um homem que, definitivamente, não tem nariz. A imagem da coragem, e da pistola armada para se matar de desespero por essa desgraça, e a piedade pelo profundo infortúnio, auxiliadas pela ideia de que ele vai se curar, e de que começa a se curar, operaram esse milagre. É preciso que o pobre ferido não aparente pensar em sua desgraça. (Berlim, 1807.)

* Frase inconveniente, copiada das *Mémoires* de meu amigo, o finado sr. barão de Bottmer. É por esse mesmo artifício que Feramorz agrada a Lalla-Rookh. Ver esse poema encantador.

jantar com Mademoiselle Olivier,[11] a todo instante me flagrava com o coração cheio de respeito, acreditando falar com uma rainha; e realmente nunca soube muito bem se, ao lado dela, eu me apaixonara por uma rainha ou por uma moça bonita."

20.

Talvez os homens que não são capazes de sentir o amor-paixão são os que sintam mais intensamente o efeito da beleza; pelo menos essa é a impressão mais forte que podem receber das mulheres.

O homem que sentiu a palpitação do coração causada de longe pelo chapéu de cetim branco de quem ama fica muito espantado com a frieza em que o deixa a aproximação da maior beleza do mundo. Observando os arroubos dos outros, pode até mesmo ter um gesto de tristeza.

As mulheres extremamente belas espantam menos no segundo dia. Isso é uma grande desgraça, desencoraja a cristalização. Estando o mérito delas visível a todos, e agindo como decoração, elas devem ter na lista de seus amantes mais tolos, príncipes, milionários etc.*

---

* Bem se vê que o autor não é príncipe nem milionário. Quis subtrair do leitor esse espírito.

21.
Sobre a primeira vista

Uma alma com imaginação é terna e *desconfiada*, digo mesmo que é a alma mais ingênua.* Pode ser desconfiada sem duvidar disso; deparou-se com tantos desapontamentos na vida! Portanto, tudo o que é previsto e oficial na apresentação de um homem amedronta a imaginação e afasta a possibilidade da cristalização. O amor triunfa, ao contrário, no romanesco à primeira vista.

Nada mais simples; o espanto que faz pensar longamente numa coisa extraordinária já é metade do movimento cerebral necessário para a cristalização.

Citarei o início dos amores de Séraphine (*Gil Blas*, tomo II, p. 142). É d. Fernando que conta sua fuga quando era perseguido pelos esbirros da Inquisição... "Depois de ter atravessado algumas alamedas numa escuridão profunda, e

---

* A noiva de Lammermoor, miss Ashton. Um homem que viveu encontra na sua memória uma multidão de exemplos de *amores*, e tem apenas o problema da escolha. Mas, se quer escrever, não sabe mais em que se apoiar. As anedotas das sociedades particulares em que viveu são desconhecidas do público, e seria preciso um número imenso de páginas para relatá-las com os matizes necessários. É por isso que cito romances geralmente conhecidos, mas não fundamento as ideias que submeto ao leitor em ficções tão vazias, e calculadas em maioria mais para o efeito pitoresco do que para a verdade.

a chuva continuando a cair torrencialmente, cheguei perto de um salão cuja porta encontrei aberta; entrei e, quando tinha observado toda a sua magnificência... vi que havia num dos lados uma porta que estava apenas encostada; entreabri-a e avistei uma enfiada de quartos dos quais só o último estava iluminado. 'Que devo fazer?', pensei então comigo mesmo... Não pude resistir à minha curiosidade. Avanço, atravesso os quartos e chego àquele onde havia luz, isto é, uma vela que queimava sobre uma mesa de mármore, num castiçal de vermeil... Mas logo, lançando os olhos para uma cama cujo cortinado estava semiaberto por causa do calor, vi um objeto que se apoderou de toda a minha atenção, era uma jovem mulher que, apesar do barulho de trovão que acabava de se ouvir, dormia um sono profundo... Aproximei-me dela... Senti-me agarrado... Enquanto me inebriava com o prazer de contemplá-la, ela acordou.

"Imaginem qual foi sua surpresa ao ver em seu quarto e no meio da noite um homem que não conhecia. Ao me avistar, fremiu e deu um grito... Esforcei-me para tranquilizá-la, e pondo um joelho no chão disse-lhe: 'Senhora, não tenha medo...'. Ela chamou suas criadas... Tornando-se um pouco mais corajosa pela presença dessa criadinha, perguntou-me altivamente quem eu era etc. etc. etc."

Eis uma primeira vista que não é fácil esquecer. O que há de mais bobo, ao contrário, em nossos costumes atuais do que a apresentação oficial e quase sentimental do *futuro* à mocinha! Essa prostituição legal chega ao ponto de chocar o pudor.

"Acabo de ver nesta tarde, 17 de fevereiro de 1790 (diz Chamfort, IV, 155), uma cerimônia de família, como se diz, isto é, homens reputados honrados, uma sociedade respeitável, aplaudir a felicidade da srta. de Marille, jovem pessoa bela, espirituosa, virtuosa, que obtém a vantagem de tornar-se esposa do sr. R., velhote doentio, repugnante, desonesto, imbecil, mas rico, e que ela viu pela terceira vez hoje, ao assinar o contrato.

"Se alguma coisa caracteriza um século infame é tal motivo de triunfo, é o ridículo de tal alegria, e nessa perspectiva a crueldade pudica com que a mesma sociedade despejará a mancheias o desprezo sobre a menor imprudência de uma pobre jovem mulher apaixonada."

Tudo o que é cerimônia, por sua essência de ser uma coisa afetada e prevista de antemão, em que se trata de se comportar *de maneira conveniente*, paralisa a imaginação e só a deixa desperta para o que é contrário ao objetivo da cerimônia, e ridículo; daí o efeito mágico da menor brincadeira. Uma pobre moça, cheia de timidez e de pudor doentio durante a apresentação oficial do pretendente, só pode pensar no papel que representa; é mais uma maneira segura de abafar a imaginação.

É muito mais contra o pudor ir para a cama com um homem que só se viu duas vezes, depois de três palavras em latim ditas na igreja, do que ceder a contragosto a um homem que se adora há dois anos. Mas estou falando uma linguagem absurda.

É o p[apismo] que é a fonte fecunda dos vícios e da desgraça que se seguem aos nossos atuais casamentos. Ele impossibilita a liberdade para as moças antes do casamento, e o divórcio depois, quando elas se enganaram, ou melhor, quando as enganaram na escolha que as mandam fazer. Vejam a Alemanha, esse país dos bons casamentos; uma amável princesa (a sra. duquesa de Sa[gan]) acaba de se casar ali com a melhor das intenções pela quarta vez, e não deixou de convidar para a festa seus três primeiros maridos com quem se dá muito bem. Isso é um excesso; mas um só divórcio, que pune um marido por suas tiranias, impede milhares de maus casamentos. O que há de engraçado é que Roma é um dos lugares onde se veem mais divórcios.

O amor ama, à primeira vista, uma fisionomia que indica num homem, ao mesmo tempo, algo a respeitar e a lamentar.

22.
Sobre a empolgação

Espíritos extremamente delicados são muito sujeitos à curiosidade e à prevenção; isso se nota sobretudo nas almas em que se extinguiu o fogo sagrado, fonte das paixões, e é um dos sintomas mais funestos. Também há empolgação entre os colegiais que ingressam na sociedade. Nas duas extremidades da vida, com exagerada ou pouquíssima sensibilidade, ninguém se expõe com simplicidade a sentir o efeito exato das coisas, a ter a verdadeira sensação que elas devem provocar. Essas almas ardentes demais ou ardentes por acessos, apaixonadas a crédito, se podemos dizer assim, jogam-se sobre os objetos em vez de esperá-los.

Antes que a sensação, que é a consequência da natureza dos objetos, lhes chegue, elas os cobrem de longe, e antes de vê-los, com esse encanto imaginário de que encontram em si mesmas uma fonte inesgotável. Depois, aproximando--se delas, veem essas coisas, não tal como são, mas tal como as fizeram, e, fruindo de si mesmas sob a aparência desse objeto, acreditam fruir desse objeto. Mas um belo dia se cansam de suportar todas essas consequências, descobrem que o objeto adorado *não dá o troco*; a empolgação desaba, e o fracasso que o amor-próprio sente torna-as injustas com o objeto apreciado demais.[12]

23.
Sobre os amores fulminantes

Seria preciso mudar esse nome ridículo;[13] no entanto, a coisa existe. Vi a amável e nobre Wilhelmine, desespero dos *elegantes* de Berlim, desprezar o amor e zombar de suas loucuras. Resplandecente de juventude, espírito, beleza, felicidades de todos os tipos, uma fortuna sem limites dando-lhe a ocasião de desenvolver todas as suas qualidades, parecia conspirar com a natureza para apresentar ao mundo o exemplo tão raro de uma felicidade perfeita concedida a uma pessoa que é perfeitamente digna dela. Tinha vinte e três anos; já há muito tempo na corte, recusara as homenagens da mais alta linhagem; sua virtude modesta, mas inabalável, era citada como exemplo, e a partir de então os homens mais adoráveis, sem ilusões de agradá-la, aspiravam apenas à sua amizade. Uma noite, vai ao baile na casa do príncipe Ferdinando, dança dez minutos com um jovem capitão.

"A partir desse momento", escreveria em seguida a uma amiga,* "ele foi dono de meu coração e de mim, e isso a um ponto que teria me enchido de terror se a felicidade de ver Herman tivesse me deixado tempo para pensar no resto da existência. Meu único pensamento era observar se me dava alguma atenção.

"Hoje o único consolo que posso encontrar para meus

---

* Traduzido ad litteram das *Mémoires* de Bottmer.

SOBRE O AMOR

erros é me embalar na ilusão de que uma força superior me raptou de mim mesma e da razão. Não consigo com nenhuma palavra pintar de uma maneira que se aproxime da realidade a que ponto, só de avistá-lo, chegaram a desordem e o transtorno de todo o meu ser. Enrubesço ao pensar com que rapidez e violência eu era arrastada para ele. Se suas primeiras palavras, quando enfim me falou, tivessem sido: 'Você me adora?', na verdade eu teria tido a força de não lhe responder: 'Sim'. Estava longe de pensar que os efeitos de um sentimento pudessem ser ao mesmo tempo tão súbitos e tão pouco previsíveis. Cheguei a ponto de, por um instante, pensar que estava envenenada.

"Infelizmente, você e a sociedade, minha querida amiga, sabem como amei Herman: pois bem!, ele me foi tão querido ao fim de quinze minutos que, desde então, não pôde mais me sê-lo. Eu via todos os seus defeitos, e perdoava todos, contanto que me amasse.

"Pouco depois que dancei com ele, o rei foi embora; Herman, que era do destacamento de plantão, foi obrigado a segui-lo. Com ele, para mim tudo desapareceu na natureza. É em vão que eu tentaria lhe retratar o excesso do tédio com que me senti oprimida desde que não o vejo mais. Ele só se igualava à intensidade do desejo que eu tinha de me encontrar a sós comigo mesma.

"Pude, enfim, partir. Mal me tranquei a duas chaves em meu aposento, quis resistir a minha paixão. Acreditei conseguir. Ah!, minha querida amiga, como paguei caro naquela noite, e nos dias seguintes, pelo prazer de poder acreditar que eu tinha virtude!"

O que se acaba de ler é a narração exata de um acontecimento que virou a novidade do dia, pois ao cabo de um ou dois meses a pobre Wilhelmine foi bastante infeliz para que percebessem seu sentimento. Esta foi a origem dessa longa sequência de desgraças que a levaram a morrer tão jovem, e de maneira tão trágica, envenenada por si mesma ou por seu amante. Tudo o que pudemos ver nesse jovem capitão é que dançava muito bem; tinha muita alegria, mais ainda segurança, um grande ar de bondade, e vivia com raparigas; aliás, apenas nobre, muito pobre, e não indo à corte.

Não só não deve haver desconfiança, como deve haver a lassidão da desconfiança, e por assim dizer a impaciência da coragem, contra os acasos da vida. A alma, sem sabê-lo, entediada de viver sem amar, convencida a contragosto pelo exemplo das outras mulheres, tendo superado todos os temores da vida, descontente com a triste felicidade do orgulho, criou para si mesma, sem se dar conta, um modelo ideal. Ela encontra um dia uma criatura que se assemelha a esse modelo, a cristalização reconhece seu objeto pela perturbação que inspira, e ela dedica para sempre ao senhor de seu destino o que sonhava desde muito tempo.*

As mulheres sujeitas a essa desgraça têm demasiada elevação na alma para amar de outra maneira que não pela paixão. Estariam salvas se pudessem se rebaixar à galanteria.

Como o amor fulminante vem de uma lassidão secreta daquilo que o catecismo chama de virtude, e do tédio dado pela uniformidade da perfeição, eu acreditaria perfeitamente que ele deve cair, no mais das vezes, sobre o que chamamos em sociedade de maus sujeitos. Duvido muito que o ar Catão tenha jamais ocasionado um amor fulminante.

O que os torna tão raros é que, se o coração que ama assim por antecipação tiver a menor ideia da situação, não haverá mais amor fulminante.

Uma mulher que se tornou desconfiada pelas desgraças não é capaz dessa revolução da alma.

Nada facilita os amores fulminantes como os elogios feitos antecipadamente, e por mulheres, à pessoa que deve ser seu objeto.

Uma das fontes mais cômicas das aventuras de amor são as falsas paixões fulminantes. Uma mulher entediada,

---

* Várias frases tiradas de Crébillon, tomo III.

mas insensível, acredita estar apaixonada para o resto da vida durante toda uma noite. Está orgulhosa de ter enfim encontrado um desses grandes movimentos da alma atrás dos quais corria sua imaginação. No dia seguinte, não sabe mais onde se esconder, e sobretudo como evitar o infeliz objeto que adorava na véspera.

As pessoas de espírito sabem ver, isto é, tirar proveito desses amores fulminantes.

O amor físico também tem seus golpes fulminantes. Vimos ontem a mulher mais bonita e mais fácil de Berlim enrubescer de repente em sua caleça na qual estávamos com ela. O belo tenente Findorff acabava de passar. Ela caiu no devaneio profundo, na inquietude. À noite, pelo que me confessou depois do espetáculo, sentiu loucuras, arroubos, só pensava em Findorff, com quem jamais falou. Se tivesse ousado, me dizia, teria mandado buscá-lo; esse lindo rosto apresentava todos os sinais da paixão mais violenta. Isso ainda durava no dia seguinte; ao fim de três dias, Findorff tendo se feito de bobo, ela não pensou mais nele. Um mês depois, ele lhe era odioso.

24.
Viagem a um país desconhecido

Aconselho à maioria das pessoas nascidas no Norte que pulem o presente capítulo. É uma dissertação obscura sobre certos fenômenos relativos à laranjeira, árvore que só cresce ou só alcança toda a sua altura na Itália e na Espanha. Para ser inteligível em outro lugar, eu deveria *diminuir* os fatos.

Era o que eu não deixaria de fazer se tivesse tido o objetivo, um só instante, de escrever um livro em geral agradável. Mas tendo o céu me recusado o talento literário, pensei unicamente em descrever com todo o enfado da ciência, mas também com toda a sua exatidão, certos fatos de que uma temporada prolongada na pátria da laranjeira me tornou a testemunha involuntária. Frederico, o Grande, ou qualquer outro homem eminente do Norte, que nunca teve ocasião de ver a laranjeira em plena terra, certamente teria me negado os fatos seguintes, e negado de boa-fé. Respeito infinitamente a boa-fé, e enxergo sua razão de ser.

Como essa declaração sincera pode parecer orgulho, acrescento a seguinte reflexão:

Escrevemos ao acaso, cada um de nós, o que nos parece verdade, e cada um desmente seu vizinho. Vejo em nossos livros outros tantos bilhetes de loteria; realmente, não têm maior valor. A posteridade, esquecendo uns e reimprimindo outros, declarará quais são os bilhetes premiados. Até então, cada um de nós, tendo escrito o melhor que pôde o que lhe parece verdade, não tem razão para caçoar de

SOBRE O AMOR   69

seu vizinho, a menos que a sátira seja engraçada, caso em
que ele tem sempre razão, sobretudo se escreve como o
sr. Courier a Del Furia.[14]

Depois desse preâmbulo, vou entrar corajosamente no
exame dos fatos que, estou convencido, raramente foram
observados em Paris. Mas, afinal, em Paris, cidade sem dúvida superior a todas as outras, não vemos laranjeiras em
plena terra como em Sorrento; e é em Sorrento, a pátria
de Tasso, no golfo de Nápoles, no meio de uma encosta à
beira-mar, ainda mais pitoresca que a da própria Nápoles,
mas onde não se lê o *Miroir*,[15] que Lisio Visconti observou
os seguintes fatos:

Quando devemos ver à noite a mulher que amamos, a
espera de tão grande felicidade torna insuportáveis todos
os momentos que nos separam dela.

Uma febre devoradora nos faz iniciar e abandonar vinte
afazeres. Olhamos para o relógio a todo instante e ficamos
radiantes quando vemos que se passaram dez minutos sem
olhá-lo; a hora tão desejada chega enfim, e quando estamos à sua porta, prestes a bater, ficaríamos contentes em
não encontrá-la; apenas por reflexão nos afligiríamos com
isso: em suma, a expectativa de vê-la produz um efeito
desagradável.

Estas são coisas que fazem as pessoas de bem dizer que
o amor enlouquece.

É que a imaginação, retirada violentamente de devaneios deliciosos em que cada passo produz a felicidade, é
devolvida à severa realidade.

A alma terna bem sabe que, no combate que travará
assim que você a vir, a menor negligência, a menor falta de
atenção ou de coragem será punida por uma derrota que
envenena por muito tempo os devaneios da imaginação,
e seria humilhante para o amor-próprio se procurássemos
nos refugiar fora do interesse da paixão. Pensamos: "Não
tive juízo, não tive coragem"; mas só temos coragem diante da pessoa que amamos amando-a menos.

Esse resto de atenção que arrancamos com tanta dificuldade dos devaneios da cristalização faz com que, nos primeiros discursos à mulher amada, escape uma profusão de coisas que não têm sentido ou têm um sentido contrário ao que sentimos; ou, o que é ainda mais pungente, exageramos nossos próprios sentimentos e eles se tornam ridículos a seu ver. Como sentimos vagamente que não prestam suficiente atenção ao que dizemos, um gesto mecânico nos faz aperfeiçoar e carregar a declamação. No entanto, não podemos nos calar por causa do constrangimento do silêncio, durante o qual poderíamos menos ainda pensar nela. Portanto, dizemos com ar sentido uma profusão de coisas que não sentimos, e que ficaríamos muito embaraçados de repetir; obstinamo-nos em recusar sua presença para sermos ainda mais dela. Nos primeiros momentos em que conheci o amor essa esquisitice que sentia em mim me levava a crer que eu não amava.

Compreendo a covardia e como os conscritos se livram do medo jogando-se corpo e alma no meio do fogo. O número de bobagens que eu disse há dois anos para não me calar joga-me no desespero quando penso nisso.

Eis o que devia marcar aos olhos das mulheres a diferença entre o amor-paixão e a galanteria, entre a alma afetuosa e a alma prosaica.*

Nesses momentos decisivos, uma ganha tanto quanto a outra perde; a alma prosaica recebe justamente o grau de calor que de costume lhe falta, ao passo que a pobre alma afetuosa enlouquece por excesso de sentimento, e, para completar, tem a pretensão de esconder sua loucura. Toda ocupada em governar seus próprios arroubos, está bem longe do sangue-frio necessário para obter suas vantagens, e sai brigada de uma visita em que a alma prosaica teria dado um grande passo. Assim que se trata dos interesses demasiado fortes de sua paixão, uma alma afetuosa e or-

---

* Era uma expressão de Léonore.

SOBRE O AMOR   71

gulhosa não pode ser eloquente perto de quem ama; não
ter êxito lhe faz muito mal. A alma vulgar, ao contrário,
calcula apenas as chances de êxito, não se detém para
pressentir a dor da derrota e, orgulhosa do que a torna
vulgar, escarnece da alma terna que, com todo o espírito
possível, nunca tem a facilidade necessária para dizer as
coisas mais simples e de êxito mais garantido. A alma
terna, bem longe de poder arrancar algo à força, deve se
resignar em nada obter senão a *caridade* de quem ama.
Se a mulher que amamos for verdadeiramente sensível,
sempre teremos ocasião de nos arrepender por termos
desejado nos violentar para lhe falar de amor. Ficamos
com ar envergonhado, ficamos com aparência gelada, ficaríamos com um jeito mentiroso se a paixão não se traísse
por outros sinais seguros. Expressar o que sentimos tão
profundamente e tão em detalhes, em todos os instantes
da vida, é uma maçada que nos impomos, porque lemos
romances, pois se fôssemos naturais nunca empreende-
ríamos uma coisa tão sofrida. Em vez de querermos falar
do que sentíamos há quinze minutos, e procurar fazer um
quadro geral e interessante, expressaríamos com simplicidade os detalhes do que sentimos no momento; mas não,
violentamo-nos ao extremo para ter menos sucesso, e como
falta ao que dizemos a evidência da sensação atual, e a
memória não é livre, achamos convenientes no momento
e dizemos coisas do mais humilhante ridículo.

Quando por fim, depois de uma hora de perturbação,
foi feito esse esforço extremamente penoso de nos retirar-
mos dos jardins encantados da imaginação, para gozar
muito simplesmente da presença de quem amamos, não
raro ocorre que devemos nos separar dela.

Tudo isso parece uma extravagância. Vi coisa ainda
melhor, era um de meus amigos, que uma mulher que ele
amava às raias da idolatria, alegando estar ofendida por
não sei qual indelicadeza que nunca quiseram me contar,
condenara de repente a só vê-la duas vezes por mês. Es-

sas visitas, tão raras e tão desejadas, eram um acesso de loucura, e era preciso toda a força de caráter de Salviati para que ela não transparecesse externamente.

Desde o início, a ideia do fim da visita está presente demais para que possamos sentir prazer. Falamos muito sem nos escutar; volta e meia dizemos o contrário do que pensamos. Embarcamos em raciocínios que somos obrigados a atalhar, por causa de seu ridículo, se chegamos a despertar e nos escutar. O esforço que fazemos é tão violento que exibimos um jeito frio. O amor se esconde por seu excesso.

Longe dela a imaginação era acalentada pelos diálogos mais encantadores; encontrávamos os ímpetos mais afetuosos e mais tocantes. Assim, durante dez ou doze dias acreditamos ter a audácia de lhe falar; mas na antevéspera daquele que deveria ser o dia feliz a febre começa e redobra à medida que se aproxima o instante terrível.

No momento de entrar em seu salão, estamos reduzidos, para não dizer ou fazer bobagens inacreditáveis, a nos agarrar à resolução de manter o silêncio e olhar para ela a fim de podermos, pelo menos, nos lembrar de seu rosto. Mal estamos em sua presença, irrompe como que uma espécie de embriaguez nos olhos. Sentimo-nos levados, como um maníaco, a cometer atos estranhos, temos a sensação de possuir duas almas; uma para fazer e outra para criticar o que fazemos. Sentimos confusamente que a atenção forçada dada à tolice refrescaria o sangue por um instante, fazendo-nos perder de vista o fim da visita e a infelicidade de deixá-la por quinze dias.

Se ali se encontra algum enfadonho que conta uma história insossa, em sua inexplicável loucura o pobre amante, como se estivesse ávido por perder momentos tão raros, torna-se todo atenção. Essa hora que ele prometia a si mesmo ser tão deliciosa passa como uma flecha abrasadora, e no entanto ele sente, com amargura indizível, todas as pequenas circunstâncias que lhe mostram como se tornou

SOBRE O AMOR

alheio a quem ama. Vê-se no meio de indiferentes que fazem uma visita, e vê-se como o único que desconhece todos os pequenos detalhes de sua vida nesses dias que se passaram. Finalmente, ele se vai; e dizendo-lhe friamente adeus, tem a terrível sensação de estar a quinze dias de revê-la; nenhuma dúvida de que sofreria menos se nunca mais visse quem ama. É o gênero, mas bem mais negro, do duque de Policastro, que a cada seis meses percorria cem léguas para ver por quinze minutos, em Lecce, uma amante adorada e vigiada por um ciumento.

Vê-se bem aqui a vontade sem influência sobre o amor: indignado contra sua amante e contra si mesmo, como alguém se precipitaria com fúria na indiferença! O único bem dessa visita é renovar o tesouro da cristalização.

A vida para Salviati era dividida em períodos de quinze dias, que tomavam a cor da noite em que lhe fora permitido ver a sra.***; por exemplo, ficou radiante de felicidade no dia 21 de maio, e no dia 2 de junho não voltou para casa com medo de ceder à tentação de estourar os miolos.

Vi nessa noite que os romancistas retrataram muito mal o momento do suicídio. "Estou sedento", disse-me Salviati com ar simples, "preciso tomar esse copo d'água." Não combati sua resolução, disse-lhe meu adeus e ele começou a chorar.

Diante do transtorno que acompanha os discursos dos amantes, não seria sensato tirar consequências muito apressadas de um pormenor isolado da conversa. Eles só revelam seus sentimentos nas palavras imprevistas; e então, é o grito do coração. Aliás, é da fisionomia do conjunto das coisas ditas que podemos fazer induções. É preciso lembrar que com muita frequência uma criatura emocionada demais não tem tempo de perceber a emoção da pessoa que causa a sua.

25.
A apresentação

Diante da sutileza, da segurança de julgamento com que vejo as mulheres captarem certos detalhes, encho-me de admiração; um instante depois, vejo-as levarem às nuvens um palerma, deixarem-se comover até as lágrimas com uma banalidade, julgarem gravemente como traço de caráter uma afetação vulgar. Não posso conceber tanta tolice. É preciso que haja aí alguma lei geral que ignoro.

Atentas a *um* mérito de um homem, e arrastadas por *um* pormenor, elas o sentem profundamente e não têm mais olhos para o resto. Todo o fluido nervoso é empregado em fruir dessa qualidade, não resta mais nada para ver as outras.

Vi os homens mais notáveis serem apresentados a mulheres de muito espírito; era sempre um grão de prevenção que decidia sobre o efeito da primeira vista.

Se me permitem um detalhe familiar, contarei que o amável coronel L[a] B[edoyère] ia ser apresentado à sra. Struve de Koenigsberg; era uma mulher de primeiro plano. Pensávamos: "*Fará colpo?* (fará boa impressão?)". Faz-se uma aposta. Aproximo-me da sra. de Struve e conto-lhe que o coronel usa uma de suas gravatas dois dias seguidos; no segundo dia, usa-a pelo avesso, sem lavá-la; ela poderá observar em sua gravata pregas verticais. Nada mais evidentemente falso.

Quando eu estava terminando, anunciam esse homem encantador. O menor enfatuado de Paris teria produzido mais

SOBRE O AMOR 75

efeito. Observem que a sra. de Struve amava; é uma mulher honrada, e não poderia se tratar de galanteria entre eles.

Nunca dois temperamentos foram mais feitos um para o outro. Acusavam a sra. de Struve de ser romanesca, e somente a virtude, levada às raias do romanesco, é que poderia tocar L[a] B[édoyère]. A virtude causou seu fuzilamento muito jovem.

Foi dado às mulheres sentir, de maneira admirável, os matizes da afeição, as variações mais insensíveis do coração humano, os gestos mais leves dos amores-próprios.

Elas têm a esse respeito um órgão que nos falta; vejam-nas cuidar de um ferido.

Mas talvez também não enxerguem o que é espírito, combinação moral. Vi as mulheres mais distintas se encantarem com um homem de espírito, que não era eu, e ao mesmo tempo, e quase com a mesma palavra, admirar os maiores tolos. Eu me achava enganado como um conhecedor que vê confundirem os mais belos diamantes com strass, e preferirem os strass se forem maiores.

Donde eu concluía que é preciso ousar tudo junto às mulheres. Ali onde o general Lassale fracassou, um capitão de bigodes e rogando praga teve êxito.* Há certamente no mérito dos homens todo um lado que lhes escapa.

Quanto a mim, volto sempre às leis físicas. O fluido nervoso, entre os homens, se gasta pelo cérebro, e nas mulheres pelo coração; é por isso que elas são mais sensíveis. Um grande trabalho obrigatório, e no ofício que exercemos a vida toda, consola, e para elas nada pode consolá-las a não ser a distração.

Appiani, que só crê na virtude em última instância, e com quem eu ia essa noite à cata de ideias, quando lhe expus as deste capítulo me respondeu:

— A força de alma que Eponina empregava com uma dedicação heroica para fazer seu marido viver na caverna

* Posen, 1807.

debaixo da terra, e para impedi-lo de cair no desespero, se eles tivessem vivido tranquilamente em Roma ela a teria empregado em lhe esconder um amante; as almas fortes precisam de um alimento.

26.
Sobre o pudor

Uma mulher de Madagascar deixa ver sem pensar o que mais se esconde aqui, mas morreria de vergonha de ter de mostrar o braço. Está claro que três quartos do pudor são uma coisa aprendida. É talvez a única lei, filha da civilização, que só produz felicidade.

Observou-se que as aves de rapina se escondem para beber; é porque, obrigadas a mergulhar a cabeça na água, ficam nesse momento sem defesa. Depois de ter considerado o que acontece em Otaiti,* não vejo outra base natural para o pudor.

O amor é o milagre da civilização. Entre os povos selvagens ou muito bárbaros só encontramos o amor físico, e dos mais grosseiros.

E o pudor presta ao amor o socorro da imaginação, e isso é lhe dar vida.

O pudor é ensinado já muito cedo às garotinhas por suas mães, e com extremo zelo, dir-se-ia como que por espírito de corpo; é que as mulheres cuidam antecipadamente da felicidade do amante que terão.

---

* Ver as viagens de Bougainville, de Cook etc. Entre certos animais a fêmea parece se negar no momento em que se dá. É à anatomia comparada que devemos pedir as mais importantes revelações sobre nós mesmos.

Para uma mulher tímida e afetuosa nada deve estar acima do suplício de ter se permitido, em presença de um homem, algo de que acredite ter de enrubescer; estou convencido de que uma mulher um pouco orgulhosa preferiria mil mortes. Uma leve liberdade, tomada de modo afetuoso pelo homem que se ama, provoca um momento de intenso prazer;* se ele dá a impressão de criticá-la ou de não a desfrutar com arrebatamento, essa liberdade deve deixar na alma uma dúvida atroz. Portanto, uma mulher acima do vulgar tem tudo a ganhar adotando maneiras muito reservadas. O jogo não é igual; arrisca-se contra um pequeno prazer ou contra a vantagem de parecer um pouco mais agradável o perigo de um remorso doloroso e de um sentimento de vergonha, que deve até mesmo tornar o amante menos querido. Paga-se um preço alto por uma noite passada alegremente, à doida e sem pensar em nada. A visão de um amante com quem se teme ter cometido erros desse gênero deve se tornar odiosa por vários dias. Podemos nos espantar da força de um hábito cujas mais leves infrações são castigadas com a vergonha mais atroz?

Quanto à utilidade do pudor, ele é a mãe do amor; não poderíamos lhe contestar mais nada. Quanto ao mecanismo do sentimento, nada é mais simples; a alma se ocupa de se envergonhar, em vez de se ocupar de desejar; proibimo-nos os desejos, e os desejos levam às ações.

É evidente que qualquer mulher afetuosa e orgulhosa, e essas duas coisas sendo causa e efeito dificilmente existem uma sem a outra, deve contrair hábitos de frieza que as pessoas que eles desconcertam chamam de pudicícia.

A acusação é tanto mais ilusória na medida em que é muito difícil manter um justo meio-termo; por menos que uma mulher tenha pouco espírito e muito orgulho, deve em pouco tempo chegar a crer que em matéria de pudor

---

* Faz ver seu amor de um modo novo.

SOBRE O AMOR

nada seria um exagero. É assim que uma inglesa acredita ser insultada se pronunciam na sua frente o nome de certas roupas. Uma inglesa evitaria, à noite no campo, ser vista saindo do salão com o marido; e o que é mais grave, acredita ferir o pudor se mostrar alguma alegria diante de qualquer outro que não esse marido.* É talvez por causa de uma atenção tão delicada que os ingleses, gente de espírito, deixam transparecer tanto tédio com sua felicidade doméstica. A culpa é deles, por que tanto orgulho?**

Em compensação, passando subitamente de Plymouth a Cádiz e Sevilha, achei que na Espanha o calor do clima e das paixões fazia esquecerem um pouco demais o recato necessário. Observei carícias muito afetuosas que eles se permitiam em público, e que, longe de me parecerem tocantes, inspiravam-me um sentimento totalmente oposto. Nada é mais penoso.

Temos de esperar que a força dos costumes inspirados às mulheres a pretexto do pudor seja *incalculável*. Uma mulher vulgar, exagerando o pudor, acredita se igualar a uma mulher distinta.

O império do pudor é tamanho que uma mulher afetuosa consegue se trair diante de seu amante mais pelos fatos que pelas palavras.

A mulher mais bonita, mais rica e mais fácil de Bolonha acaba de me contar que ontem à noite um presunçoso francês, que está aqui e dá uma curiosa ideia de sua nação, resolveu se esconder debaixo de sua cama. Aparentemente queria não perder uma infinidade de declarações ridículas com que a persegue há um mês. Mas esse grande homem não teve presença de espírito; esperou que a sra. M. tivesse despachado a camareira e ido para a cama, mas não teve a

---

* Ver a admirável pintura desses costumes enfadonhos no final de *Corinne*; e Madame de Staël retocou o retrato.
** A Bíblia e a aristocracia vingam-se cruelmente das pessoas que acreditam lhes dever tudo.

paciência de dar às pessoas o tempo de pegarem no sono. Ela se jogou sobre a sineta e o expulsou vergonhosamente em meio a gritos e pancadas de cinco ou seis lacaios.

— E se ele tivesse esperado duas horas? — perguntei-lhe.

— Teria sido uma grande desgraça para mim: "Quem poderá duvidar, ele teria me dito, que não estou aqui por ordem sua?".*

Ao sair da casa dessa bonita mulher, fui à da mulher mais digna de ser amada que eu conheço. Sua extrema delicadeza está, se é possível, acima de sua comovente beleza. Encontro-a sozinha e conto-lhe a história da sra. M. Argumentamos a respeito:

— Escute — ela me diz —, se o homem que se permite esse ato era, antes, agradável aos olhos dessa mulher, será perdoado e em seguida será amado.

Confesso que fiquei perturbado com essa luz imprevista jogada sobre as profundezas do coração humano. Respondi-lhe ao fim de um silêncio:

— Mas quando se ama, tem-se a coragem de chegar às últimas violências?

Este capítulo seria bem menos vago se uma mulher o tivesse escrito. Tudo o que se refere à soberba do orgulho feminino, ao hábito do pudor e de seus excessos, a certas *delicadezas*, dependendo a maioria unicamente de *associações de sensações*,** que não podem existir entre os homens, e muitas vezes *delicadezas* não baseadas na natureza; todas

---

* Aconselham-me a suprimir este detalhe: "Você me toma por uma mulher bem leviana por ousar contar essas coisas na minha frente".
** O pudor é uma das fontes do gosto pelos enfeites, por determinada combinação uma mulher compromete mais ou menos a si mesma. É o que faz com que os enfeites sejam inconvenientes na velhice.

Se uma mulher provinciana pretende em Paris seguir a moda, ela se compromete de um modo canhestro e que faz rir. Uma provinciana que chega a Paris deve começar se vestindo como se tivesse trinta anos.

essas coisas, digo eu, não poderiam estar aqui a não ser se nos permitíssemos escrever com base no ouvir dizer.

Uma mulher me dizia, num momento de franqueza filosófica, algo que equivale a isto:

— Se um dia eu sacrificasse minha liberdade, o homem que eu chegasse a preferir apreciaria mais meus sentimentos vendo como sempre fui avara, mesmo com as preferências mais leves.

É para esse amante, que talvez ela jamais encontrará, que essa adorável mulher mostra frieza diante do homem que fala consigo nesse momento. Aí está o primeiro exagero do pudor; este é respeitável, o segundo vem do orgulho das mulheres; a terceira fonte de exagero é o orgulho dos maridos.

Parece-me que essa possibilidade de amor se apresenta com frequência aos devaneios da mulher, mesmo da mais virtuosa, e elas têm razão. Não amar é privar a si mesmo e o outro de uma grande felicidade. É como uma laranjeira que não florescesse por medo de cometer um pecado; e observem que uma alma feita para o amor não consegue saborear com entusiasmo nenhuma outra felicidade. Encontra, desde a segunda vez, nos pretensos prazeres do mundo um vazio insuportável; costuma acreditar que ama as belas-artes e os aspectos sublimes da natureza, mas eles apenas lhe prometem e lhe exageram o amor, se isso é possível, e ela logo percebe que eles lhe falam de uma felicidade da qual resolveu se privar.

A única coisa que vejo para reprovar no pudor é que ele leva ao hábito de mentir; é a única vantagem que as mulheres fáceis têm sobre as mulheres ternas. Uma mulher fácil lhe diz: "Meu querido amigo, assim que você me agradar eu lhe direi, e ficarei mais contente que você, pois o estimo muito".

Viva satisfação de *Constance* exclamando depois da vitória de seu amante:

— Como sou feliz por não ter me dado a ninguém nos oito anos em que estou brigada com meu marido!

Por mais ridículo que eu ache esse raciocínio, essa alegria me parece cheia de frescor.

Não posso deixar de contar aqui de que natureza eram as lamentações de uma dama de Sevilha abandonada pelo amante. Preciso que se lembrem de que no amor tudo é um sinal, e, mais que isso, que queiram conceder um pouco de indulgência a meu estilo.

. . . .

Meus olhos de homem creem distinguir nove particularismos no *pudor*.

1º Joga-se muito contra pouco, portanto há que mostrar extrema reserva, portanto muitas vezes com afetação; não se ri, por exemplo, das coisas que mais divertem; portanto é preciso muita inteligência para ter justo o necessário de pudor.* É por isso que muitas mulheres não o têm o suficiente na intimidade, ou, para falar mais precisamente, não exigem que as histórias que lhes contam sejam muito disfarçadas, e só perdem seus véus na proporção do grau de embriaguez e de loucura.**

Seria por um efeito do pudor e do tédio mortal que ele deve impor a várias mulheres que a maioria delas nada estima mais num homem do que o atrevimento? Ou acaso confundem o atrevimento com o caráter?

2º Segunda lei: Meu amante me estimará mais.

3º A força do hábito vence mesmo nos instantes mais apaixonados.

4º O pudor dá prazeres bem lisonjeiros ao amante; o faz sentir que leis ele transgride.

---

* Ver o tom da sociedade em Genebra, sobretudo nas famílias *da alta*; utilidade de uma corte para corrigir pelo ridículo a tendência ao falso pudor; Duclos contando histórias à sra. de Rochefort: "Na verdade, o sr. acredita que somos mulheres muito honestas". Nada é mais enfadonho no mundo do que o pudor não sincero.
** Ei! meu caro Fronsac, há vinte garrafas de champanhe entre a história que você começa a nos contar e o que dizemos a esta hora.

SOBRE O AMOR

5º E às mulheres, prazeres mais *inebriantes*; como estes fazem com que um hábito poderoso vença, lançam mais perturbação na alma. O conde de Valmont encontra-se à meia-noite no quarto de uma bonita mulher, isso lhe acontece todas as semanas, e a ela talvez uma vez a cada dois anos; a raridade e o pudor devem, portanto, preparar as mulheres para prazeres infinitamente mais intensos.*

6º O inconveniente do pudor é que ele joga permanentemente na mentira.

7º O excesso de pudor e sua severidade desencorajam as almas ternas e tímidas de amar,** justamente as que são feitas para dar e sentir as delícias do amor.

* É a história do temperamento melancólico comparado com o temperamento sanguíneo. Vejam uma mulher virtuosa, mesmo com a virtude mercantil das religiões (virtuosa mediante recompensa cêntupla num paraíso) e um espertalhão entediado de quarenta anos. Embora o Valmont de *Relações perigosas* ainda não tenha chegado a isso, a presidenta Tourvel é mais feliz que ele ao longo do romance; e se o autor, que possuía tanto espírito, tivesse mais ainda, esta teria sido a moral de sua engenhosa obra.
** O temperamento melancólico, que podemos chamar de temperamento do amor. Vi as mulheres mais distintas e as mais feitas para amar darem preferência, na ausência de espírito, ao prosaico temperamento sanguíneo. História de Alfred, Grande Cartuxa, 1810.
Não conheço ideia que me incite mais a ver o que se chama de má companhia.
(Aqui o pobre Visconti se perde nas nuvens.
Todas as mulheres são as mesmas pelo fundo dos movimentos do coração e das paixões; as *formas* das paixões são diferentes. Há a diferença dada por uma maior fortuna, uma maior cultura de espírito, o hábito dos pensamentos mais elevados, e, acima de tudo, e infelizmente, um orgulho mais irritável.
Determinada palavra que irrita uma princesa não choca rigorosamente nada uma pastora dos Alpes. Mas, uma vez furiosas, a princesa e a pastora têm os mesmos gestos de paixão.) (Nota única do editor.) [Trata-se do próprio Stendhal, pretenso editor do diário de Lisio Visconti. (N. T.)]

8º Entre as mulheres afetuosas que não tiveram vários amantes, o pudor é um obstáculo à naturalidade das maneiras, é o que as expõe a se deixarem um pouco levar por suas amigas que não têm de se recriminar pela mesma falta.* Elas prestam atenção em cada caso particular, em vez de se entregarem cegamente ao hábito. Seu pudor delicado comunica a suas ações algo de coação; por serem tão naturais dão aparência de não serem naturais; mas esse acanhamento tem um toque da graça celeste.

Se às vezes sua familiaridade se assemelha a ternura, é porque essas almas angelicais são faceiras sem saber. Por preguiça de interromper seu devaneio, para evitarem o trabalho de falar e precisarem encontrar algo agradável e cortês, e apenas cortês, para dizer a um amigo, elas se põem a apoiar-se ternamente em seu braço.**

9º O que faz com que as mulheres, quando se tornam autoras, alcancem tão raramente o sublime, o que dá graça a seus menores bilhetes é que nunca ousam ser francas senão pela metade: ser francas seria para elas como sair sem xale. Nada mais frequente para um homem do que escrever de forma absoluta, sob o ditado de sua imaginação e sem saber aonde vai.

Resumo

O erro comum é agir com as mulheres como com espécies de homens mais generosos, mais inconstantes, e sobretudo com os quais não há rivalidade possível. Esquece-se muito facilmente que há duas leis novas e singulares que tiranizam essas criaturas tão volúveis, em concorrência com todos os pendores correntes da natureza humana, quero dizer:

* Palavras de M[atilde]...
** Vol[terra], Guarna[cci].

O orgulho feminino, e o pudor, e os hábitos não raro indecifráveis, filhos do pudor.

27.
Sobre os olhares

É a grande arma da coqueteria virtuosa. Pode-se dizer tudo com um olhar, e no entanto pode-se sempre negar um olhar, pois ele não pode ser repetido textualmente.

Isso me lembra o conde G., o Mirabeau de Roma:[16] o amável pequeno governo daquela terra deu-lhe uma maneira original de fazer relatos, com palavras entrecortadas que dizem tudo e nada. Ele dá a entender tudo mas qualquer um é livre para repetir textualmente todas as suas palavras, impossível comprometê-lo. O cardeal Lante dizia-lhe que ele roubara das mulheres esse talento, e eu digo até mesmo das mais honestas. Essa vigarice é uma represália cruel, mas justa, da tirania dos homens.

28.
Sobre o orgulho feminino

As mulheres ouvem toda a sua vida os homens falarem de objetos pretensamente importantes, de grandes ganhos de dinheiro, de sucessos na guerra, de gente morta em duelo, de vinganças atrozes ou admiráveis etc. Entre elas, as que têm a alma orgulhosa sentem que, não podendo atingir esses objetos, não têm condições de exibir um orgulho notável pela importância das coisas em que ele se apoia. Sentem palpitar em seu seio um coração que, pela força e altivez de seus movimentos, é superior a tudo que as cerca, e no entanto veem os últimos dos homens ser mais estimados que elas. Dão-se conta de que não conseguiriam mostrar orgulho senão por pequenas coisas, ou pelo menos por coisas que só têm importância pelo sentimento, e das quais uma terceira pessoa não pode ser juiz. Atormentadas por esse contraste desolador, entre a baixeza de sua fortuna e o orgulho de sua alma, decidem tornar seu orgulho respeitável pela intensidade desses arroubos, ou pela implacável tenacidade com que mantêm seus julgamentos. Antes da intimidade, essas mulheres imaginam, ao ver seu amante, que ele resolveu fazer um cerco contra elas. Sua imaginação é empregada em se irritar com as iniciativas dele que, afinal de contas, não podem senão assinalar o amor, já que ele ama. Em vez de fruir dos sentimentos do homem que preferem, enchem-se de vaidade em relação a ele; e finalmente, com a alma mais afetuosa, quando sua sensibilidade não está fixada num só objeto, assim que amam, qual uma coquete vulgar, não têm mais do que vaidade.

Uma mulher de temperamento generoso sacrificará mil vezes sua vida por seu amante, e brigará para sempre com ele por uma disputa de orgulho, a propósito de uma porta aberta ou fechada. É esse seu ponto de honra. Napoleão perdeu-se por não ceder uma aldeia.

Vi uma briga dessa espécie durar mais de um ano. Uma mulher muito distinta preferia sacrificar toda sua felicidade a deixar seu amante em dúvida quanto à magnanimidade de seu orgulho. A reconciliação foi efeito do acaso, e na minha amiga, de um momento de fraqueza que não conseguiu vencer, ao encontrar seu amante, que ela pensava estar a quarenta léguas dali, e ao encontrá-lo num lugar onde certamente ele não esperava vê-la. Não conseguiu esconder seu primeiro ímpeto de felicidade; o amante se enterneceu mais que ela, quase caíram de joelhos um diante do outro, e jamais vi correrem tantas lágrimas; era a visão imprevista da felicidade. As lágrimas são o sorriso extremo.

O duque de Argyle deu um belo exemplo de presença de espírito ao não travar um combate de orgulho feminino durante a entrevista que teve em Richemont com a rainha Carolin.* Quanto mais elevação há no caráter de uma mulher, mais terríveis são essas tempestades:

> As the blackest sky
> Foretells the heaviest tempest.
> Don Juan.[17]

Seria porque quanto mais uma mulher goza com arrebatamento, ao longo da vida, das qualidades eminentes de seu amante, mais nesses instantes cruéis em que a simpatia parece invertida ela procura se vingar daquilo que de hábito

---

* The Heart of Midlothian, tomo III.

SOBRE O AMOR

enxerga nele de superioridade sobre os outros homens? Teme ser confundida com eles.

Há muito tempo que não leio a maçante *Clarissa*; parece-me, porém, que é por orgulho feminino que ela se deixa morrer e não aceita a mão de Lovelace.[18]

A culpa de Lovelace era grande; mas já que ela o amava um pouco, poderia ter encontrado em seu coração o perdão por um crime cuja causa era o amor.

Monime, ao contrário, parece-me um comovente modelo de delicadeza feminina. Qual fronte não enrubesce de prazer ao ouvir uma atriz digna desse papel dizer:

E este fatal amor, que eu vencera,
. . . .
Vossos subterfúgios o surpreenderam e me convenceram.
Eu vos confessei, devo sustentá-lo;
Em vão poderíeis perder essa lembrança;
E essa confissão vergonhosa a que me forçastes
Permanecerá sempre presente em meu pensamento.
Sempre vos imaginaria inseguro quanto à minha palavra;
E o túmulo, Senhor, é menos triste para mim
Do que o leito de um esposo que me fez essa afronta,
Que obteve sobre mim essa cruel vantagem,
E que, preparando-me um eterno aborrecimento,
Fez-me corar com um fogo que não era para ele.

Racine

Imagino que os séculos futuros dirão: Eis para que servia a monarquia,* para produzir caracteres dessas espécies, e sua pintura pelos grandes artistas.

No entanto, mesmo nas repúblicas da Idade Média encontro um exemplo admirável dessa delicadeza, que parece destruir meu sistema a respeito da influência dos governos sobre as paixões, e que relatarei com candura.

* A monarquia sem carta e sem Câmaras.

Trata-se destes versos tão tocantes de Dante:

Deh! quando tu sarai tornato al mondo,
. . . .
Ricordati di me, che son la Pia:
Siena mi fè; disfecemi Maremma;
Salsi colui, che innanellato pria
Disposando m'avea con la sua gemma.

Purgatorio, c. v.*

A mulher que fala com tanto recato tivera em segredo a sorte de Desdêmona, e podia por uma palavra dar a conhecer o crime de seu marido aos amigos que ela deixara na terra.

Nello della Pietra conseguiu a mão de *madonna* Pia, a única herdeira dos Tolomei, a família mais rica e mais nobre de Siena. Sua beleza, que causava a admiração da Toscana, fez nascer no coração de seu esposo um ciúme que, envenenado por falsos relatos e suspeitas que renasciam incessantemente, o levou a um pavoroso projeto. É difícil decidir hoje se sua mulher foi totalmente inocente, mas Dante a apresenta como tal.

Seu marido a conduziu para a marema de Volterra, famosa então como hoje pelos efeitos do *aria cattiva*. Jamais quis dizer à sua infeliz mulher a razão de seu exílio num lugar tão perigoso. Seu orgulho não se dignou proferir queixa nem acusação. Vivia sozinho com ela, numa torre abandonada, cujas ruínas à beira do mar fui visitar; ali jamais quebrou seu desdenhoso silêncio, jamais respondeu às perguntas de sua jovem esposa, jamais ouviu suas súplicas. Esperou friamente junto dela que o ar pestilento tivesse

---

* "Ai! quando tiveres voltado ao mundo dos vivos digna-te também me conceder uma lembrança. Sou a Pia, Siena me deu vida, encontrei a morte em nossas maremas. Aquele que, me desposando, me dera seu anel sabe minha história."

produzido seu efeito. Os vapores desses pântanos não demoraram a murchar suas feições, as mais belas, dizem, que naquele século tinham aparecido nesta terra. Em poucos meses ela morreu. Certos cronistas desses tempos distantes relatam que Nello usou o punhal para apressar seu fim: ela morreu nas maremas, de alguma maneira horrível; mas o tipo de sua morte foi um mistério, mesmo para os contemporâneos. Nello della Pietra sobreviveu para passar o resto de seus dias num silêncio que jamais quebrou.

Nada de mais nobre e de mais delicado que a maneira como a jovem Pia dirige a palavra a Dante. Deseja ser lembrada na memória dos amigos que tão jovem deixou na terra; todavia, nomeando-se e designando seu marido, não quer se permitir a menor queixa de uma crueldade inaudita, mas agora irreparável, e apenas indica que ele sabe a história de sua morte.

Essa constância na vingança do orgulho praticamente só se vê, creio, nos países do Sul.

No Piemonte, vi-me como testemunha involuntária de um fato mais ou menos semelhante; mas na época ignorava os detalhes. Fui enviado com vinte e cinco dragões para os bosques ao longo do Sesia, para impedir o contrabando. Chegando à noite nesse lugar selvagem e deserto, avistei entre as árvores as ruínas de um velho castelo; fui lá: para minha grande surpresa, era habitado. Encontrei um nobre da região, de semblante sinistro; um homem que tinha seis pés de altura, e quarenta anos: deu-me dois quartos, reclamando. Ali eu tocava música com o meu sargento de cavalaria; depois de vários dias, descobrimos que nosso homem escondia uma mulher que chamávamos, rindo, de Camille; estávamos longe de desconfiar da terrível verdade. Ela morreu ao fim de seis semanas. Tive a triste curiosidade de vê-la em seu caixão; paguei a um monge que a vigiava e que por volta de meia-noite, com a desculpa de jogar água benta, me introduziu na capela. Ali encontrei um desses rostos fantásticos, que são belos mesmo no seio da morte; tinha um grande nariz aquilino cujo contorno nobre e terno nunca esquecerei. Saí daquele lugar funesto; cinco anos depois, tendo um destacamento de meu regimento acompanhado o imperador em sua coroação como rei da Itália, consegui que me contassem toda a história. Fiquei sabendo que o marido ciumento, o conde ***, encontrara uma manhã, pendurado na cama de sua mulher, um relógio inglês que pertencia a um rapaz da cidadezinha onde moravam. Nesse mesmo dia levou-a para o castelo em ruínas, no meio dos bosques da Sesia. Como Nello della Pietra, nunca proferiu uma só palavra. Se ela lhe fazia uma súplica, apresentava-lhe friamente em silêncio o relógio inglês, que tinha sempre consigo. Passou assim perto de três anos a sós com ela. Por fim, ela morreu de desespero na flor da idade. Seu marido tentou dar uma facada no dono do relógio, fracassou, passou para Gênova, embarcou num navio e não tiveram mais notícias dele. Seus bens foram divididos.

Se ao lado das mulheres de orgulho feminino tomamos as injúrias com graça, o que é fácil por causa do hábito da vida militar, aborrecemos essas almas altivas; elas o consideram um covarde e bem depressa chegam ao ultraje. Esses temperamentos altaneiros cedem com prazer aos homens que elas veem sendo intolerantes com os outros homens. É, creio, a única decisão a tomar, e muitas vezes é preciso ter uma briga com o seu vizinho para evitá-la com sua amante.

Miss Cornel, célebre atriz de Londres, vê um dia entrar em sua casa, inesperadamente, o rico coronel que lhe era útil. Estava com um pequeno amante que lhe era apenas agradável.

— O senhor Fulano — ela disse toda comovida ao coronel — veio para ver o pônei que quero vender.

— Estou aqui para coisa muito diferente — retrucou orgulhosamente o amantezinho que começava a aborrecê-

SOBRE O AMOR

-la, e que desde essa resposta ela se pôs a amar de novo, furiosamente.*

Essas mulheres simpatizam com o orgulho do amante em vez de exercerem às suas custas sua disposição para o orgulho.

O caráter do duque de Lauzun (o de 1660)** é sedutor para essas mulheres, e talvez para todas as mulheres distintas, se no primeiro dia conseguirem perdoar-lhe a falta de encantos; a grandeza mais elevada lhes escapa, elas consideram frieza a calma do olhar que vê tudo e que quase não se comove com um detalhe. Não terei visto mulheres da corte de Saint-Cloud afirmarem que Napoleão tinha um caráter seco e prosaico?*** O grande homem

---

* Sempre entro na casa de miss Cornel cheio de admiração e de visões profundas sobre as paixões observadas a nu. Em sua maneira tão imperiosa de comandar seus domésticos não há despotismo, é que ela vê com clareza e rapidez o que é preciso fazer.

Furiosa contra mim no início da visita, ela não pensa mais no fim. Conta-me toda a maneira de administrar sua paixão por Mortimer. "Prefiro vê-lo em sociedade do que sozinho comigo." Uma mulher de maior gênio não faria melhor; é que ela ousa ser perfeitamente *natural*, e não se constrange com nenhuma teoria. "Sou mais feliz como atriz que como mulher de um par." Grande alma, que devo conservar como amiga para minha instrução.

** A elevação e a coragem nas pequenas coisas, mas a atenção apaixonada pelas pequenas coisas; a veemência do temperamento bilioso, seu comportamento com Madame de Monaco (Saint-Simon, v, 383); sua aventura debaixo da cama de Madame de Montespan, onde o rei estava com ela. Sem a atenção às pequenas coisas, esse caráter permanece invisível às mulheres.

*** "*When Minna Troil heard a tale of woe or of romance, it was then her blood rushed to her cheeks, and shewed plainly how warm it beat notwithstanding the generally serious composed and retiring disposition which her countenance and demeanour seemed to exhibit.*" *The Pirate*, I, 33. ["Quando Minna Troil ouvia uma história dolorosa ou romanesca, seu sangue subia

é como a águia; quanto mais se eleva menos é visível, e é punido por sua grandeza com a solidão da alma.

Do orgulho feminino nasce o que as mulheres chamam de *faltas de delicadeza*. Creio que isso se parece bastante com o que os reis chamam de lesa-majestade, crime mais perigoso ainda porque o praticamos sem nem desconfiar. O amante mais terno pode ser acusado de falta de delicadeza se não tiver muito espírito, e, o que é mais triste, se ousar entregar-se ao maior encanto do amor, à felicidade de ser perfeitamente natural com quem ama, e não escutar o que lhe dizem.

Aí estão certas coisas das quais um coração bem-nascido não deveria ter de suspeitar, e que é preciso ter sentido para nelas acreditar, pois somos treinados pelo hábito para agir com justiça e franqueza com nossos amigos homens.

Precisamos nos lembrar o tempo todo de que estamos lidando com seres que, embora erradamente, podem se crer inferiores em vigor de caráter, ou melhor, podem pensar que os julgamos inferiores.

O verdadeiro orgulho de uma mulher não deveria se colocar na energia do sentimento que ela inspira? Brincavam com uma dama de honra da rainha, esposa de Francisco I, sobre a leviandade de seu amante, que, dizia-se, não a amava. Pouco tempo depois, esse amante teve uma doença e reapareceu mudo na corte. Um dia, ao fim de dois anos, como se espantassem que ela continuasse amando-o, ela lhe disse:

— Fale.

E ele falou.

às suas faces e mostrava claramente com que intensidade batia seu coração, apesar do aspecto sério e reservado de sua conduta e de seu porte." Walter Scott, *O pirata*.]

As pessoas comuns acham frias as almas como Minna Troil, que não julgam dignas de sua emoção as circunstâncias ordinárias.

29.
Sobre a coragem das mulheres

I tell thee, proud templar, that not in thy fiercest battles hadst thou displayed more of thy vaunted courage, than has been shewn by woman when called upon to suffer by affection or duty.
Ivanhoé, tomo III, p. 220.[19]

Lembro-me de ter encontrado a seguinte frase num livro de história: "Todos os homens perdiam a cabeça; é o momento em que as mulheres ganham sobre eles uma incontestável superioridade".

A coragem delas tem uma *reserva* que falta na de seu amante; gabam-se de seu amor-próprio diante dele e encontram tanto prazer em poder, no fogo do perigo, disputá-lo com firmeza ao homem que costuma feri-las pela altivez de sua proteção e de sua força que a energia dessa fruição as eleva acima do temor corrente que, nesse momento, faz a fraqueza dos homens. Se recebesse tal socorro em tal momento, um homem também se mostraria superior a tudo; pois o medo nunca está no perigo, e sim em nós.

Não é que eu pretenda depreciar a coragem das mulheres; vi ocasionalmente algumas superiores aos homens mais valentes. Só que elas precisam ter um homem para amar; como já não sentem a não ser através dele, o perigo direto e pessoal mais atroz torna-se para elas como uma rosa a colher em sua presença.

Também encontrei, nas mulheres que não amam, a intrepidez mais fria, mais surpreendente, mais isenta de nervos.

É verdade que eu pensava que elas só são tão valentes porque ignoram o aborrecimento dos ferimentos.

Quanto à coragem moral, tão superior à outra, a firmeza de uma mulher que resiste a seu amor é simplesmente a coisa mais admirável que possa existir na terra. Todas as outras marcas possíveis de coragem são bagatelas ao lado de uma coisa tão fortemente contrária à natureza e tão dolorosa. Talvez elas encontrem forças nesse hábito dos sacrifícios que o pudor leva a contrair.

Uma desgraça das mulheres é que as provas dessa coragem continuam para sempre secretas, e são quase indivulgáveis.

Uma desgraça maior é que ela sempre seja empregada contra a felicidade delas: a princesa de Clèves devia não dizer nada ao marido e entregar-se ao sr. de Nemours.

Talvez as mulheres sejam principalmente amparadas pelo orgulho de fazer uma bela defesa, e imaginem que seu amante ostenta vaidade em tê-las; ideia mesquinha e miserável: um homem apaixonado que se joga, com alegria no coração, em tantas situações ridículas tem lá tempo para pensar na vaidade! É como os monges que acreditam agarrar o diabo e pagam por seu orgulho com seus cilícios e suas macerações.

Creio que se a sra. de Clèves tivesse chegado à velhice, a essa época em que julgamos a vida, e em que as fruições de orgulho aparecem em toda a sua miséria, teria se arrependido. Gostaria de ter vivido como Madame de La Fayette.*

Acabo de reler as cem páginas deste ensaio; dei uma ideia bem pobre do verdadeiro amor, do amor que ocupa toda a alma, enche-a de imagens ora as mais felizes, ora desesperadoras, mas sempre sublimes, e a torna completamente insensível a tudo o mais que existe. Não sei como

---

* Bem se sabe que essa mulher célebre escreveu provavelmente em parceria com o sr. de La Rochefoucauld o romance *A princesa de Clèves* e que os dois autores passaram juntos, numa amizade perfeita, os vinte últimos anos de suas vidas. É exatamente o amor à italiana.

SOBRE O AMOR

expressar o que vejo tão bem; nunca senti mais dolorosamente a falta de talento. Como tornar sensível a simplicidade de gestos e caracteres, a profunda seriedade, o olhar que retrata com tanta exatidão e com tanta candura o matiz do sentimento, e sobretudo, volto a isso, esse inexplicável descaso por tudo o que não é a mulher que amamos? Um *não* ou um *sim* ditos por um homem que ama têm uma *unção* que não se encontra em outro lugar, que não se encontrava naquele homem em outros tempos. Esta manhã (3 de agosto) passei a cavalo, por volta das nove horas, diante do bonito jardim inglês do marquês Zampieri, plantado nas últimas ondulações dessas colinas coroadas por grandes árvores em que Bolonha está encostada, e de onde desfrutamos de uma vista tão bela dessa rica e verdejante Lombardia, a mais linda região do mundo. Num pequeno bosque de loureiros do jardim Zampieri que domina o caminho que eu seguia e leva à cascata do Reno Casalecchio, vi o conde Delfante; ele sonhava profundamente, e, embora tivéssemos passado a noite juntos até duas da manhã, mal retribuiu meu cumprimento. Fui à cascata, atravessei o Reno; afinal, pelo menos três horas depois, passando de novo pelo pequeno bosque do jardim Zampieri, tornei a vê-lo; estava exatamente na mesma posição, encostado num grande pinheiro que se ergue acima do pequeno bosque de loureiros; temo que achem esse detalhe simples demais e que nada prove: veio a mim com lágrima nos olhos, pedindo-me para nada contar sobre sua imobilidade. Fiquei tocado; propus-lhe pegar o caminho de volta e ir com ele passar o resto do dia no campo. Duas horas depois, disse-me tudo: é uma bela alma; mas como as páginas que acabo de ler são frias comparadas com o que ele me dizia!

Em segundo lugar, ele acredita ser *não amado*; não é minha opinião. Não é possível ler nada no belo rosto de mármore da condessa Ghigi, em cuja casa passamos a noite. Somente, às vezes, um rubor súbito e leve, que ela não consegue reprimir, vem trair as emoções dessa alma que o orgulho feminino mais exaltado disputa com as emoções fortes. Vemos seu pescoço de alabastro e o que percebemos daqueles belos ombros dignos de Canova enrubescerem também. Ela encontra a arte de subtrair seus olhos pretos e sombrios da observação das pessoas cuja penetração sua delicadeza de mulher teme, mas vi nessa noite, por certa coisa que Delfante dizia e que ela desaprovava, um súbito rubor cobri-la inteiramente. Essa alma altiva o achava menos digno dela.

Mas, afinal, ainda que eu me enganasse em minhas conjecturas sobre a felicidade de Delfante, com exceção da vaidade, creio que ele é mais feliz do que eu sou indiferente, eu que, no entanto, estou numa situação muito boa em matéria de felicidade, na aparência e na realidade.

Bolonha, 3 de agosto de 1818.

30.
Espetáculo singular e triste

Com seu orgulho feminino, as mulheres vingam-se dos tolos nas pessoas de espírito, e das almas prosaicas, que re-
correm ao dinheiro e às pauladas, nos corações generosos.
É de convir que este é um belo resultado.

As pequenas considerações do orgulho e das conveniên-
cias do mundo fizeram a desgraça de certas mulheres, e por
orgulho seus pais as puseram numa situação abominável. O
destino lhes reservara como consolo bem superior a todas as
suas desgraças a felicidade de amar e ser amadas com paixão;
mas eis que, um belo dia, tomam emprestado de seus inimigos
esse mesmo orgulho alucinado de que foram as primeiras
vítimas, e é para matar a única felicidade que lhes resta, é
para causar sua própria desgraça e a desgraça de quem as
ama. Uma amiga que teve dez aventuras conhecidas, e nem
sempre umas depois de outras, convence-as gravemente de
que, se amarem, serão desonradas aos olhos do público; e no
entanto, esse bom público, que só se eleva pelas ideias baixas,
lhes dá generosamente um amante a cada ano, porque, diz,
é a regra. Assim, a alma se entristece com esse espetáculo
estranho: uma mulher terna e sumamente delicada, um anjo
de pureza, a conselho de uma devassa sem delicadeza foge da
única e imensa felicidade que lhe resta, para aparecer com um
vestido de deslumbrante brancura, perante um juiz tosco, que
todos sabem ser cego há cem anos, e que grita aos brados:

— Ela está vestida de preto.

31.
Trecho do diário de Salviati

Ingenium nobis ipsa puella facit.
Propércio, II, I.[20]

Bolonha, 29 de abril de 1818.

Desesperado com a desgraça a que o amor me reduz, amaldiçoo minha existência. Não tenho vontade de nada. O tempo está sombrio, chove, um frio tardio veio de novo entristecer a natureza que, depois de um longo inverno, se lançava na primavera.

Schiassetti, um coronel na reserva, amigo sensato e frio, veio passar duas horas comigo.

— Você deveria desistir de amá-la.

— Como fazer? Devolva-me minha paixão pela guerra.

— É uma grande desgraça para você tê-la conhecido.

Quase concordo, de tanto que me sinto abatido e sem coragem, de tanto que a melancolia tem hoje domínio sobre mim. Procuramos juntos qual interesse pôde ter levado a amiga dele a me caluniar junto dela; nada encontramos senão este velho provérbio napolitano: "Mulher que amor e juventude abandonam se zanga à toa". O que há de certo é que essa mulher cruel está *enraivecida* contra mim; é a palavra de um de seus amigos. Posso me vingar de maneira atroz; mas contra seu ódio não tenho o menor meio de defesa. Schiassetti vai embora. Saio sob a chuva,

SOBRE O AMOR 101

sem saber o que fazer. Meu apartamento, esse salão que habitei nos primeiros tempos de nosso conhecimento e quando a via todas as noites, tornou-se insuportável para mim. Cada gravura, cada móvel me criticam pela felicidade com que eu sonhara na presença deles, e que perdi para sempre.

Percorro as ruas sob uma chuva fria; o acaso, se posso chamá-lo de acaso, me faz passar debaixo de suas janelas. Caía a noite e eu ia andando com os olhos cheios de lágrimas, fixos na janela de seu quarto. De repente a cortina foi um pouco entreaberta como para ver a praça, e fechou-se no mesmo instante. Senti um movimento físico perto do coração. Não conseguia me sustentar: refugiei-me sob o pórtico da casa vizinha. Mil sentimentos inundam minha alma, o acaso pode ter produzido aquele movimento da cortina; mas e se fosse sua mão que a tivesse entreaberto!

Há duas desgraças no mundo: a da paixão contrariada e a do *dead blank*.[21]

Com o amor, sinto que existe a dois passos de mim uma felicidade imensa e mais além de todos os meus votos, que só depende de uma palavra, de um sorriso.

Sem paixão como Schiassetti, nos dias tristes não enxergo a felicidade em lugar nenhum, chego a duvidar que exista para mim, caio na melancolia. Seria preciso não ter paixões fortes e ter somente um pouco de curiosidade ou vaidade.

São duas horas da madrugada, vi o pequeno movimento da cortina às seis horas; fiz dez visitas, fui ao espetáculo; mas, silencioso e sonhador em toda parte, passei a noite a examinar esta pergunta: "Depois de tanta raiva e tão pouco fundada (pois afinal, queria eu ofendê-la, e qual é a coisa no mundo que a intenção não desculpa?), será que ela sentiu um momento de amor?".

O pobre Salviati, que escreveu o que precede em seu exemplar de Petrarca, morreu algum tempo depois; era amigo íntimo de Schiassetti e meu; conhecíamos todos os seus pensamentos, e é dele que tiro toda a parte lúgubre deste ensaio. Ele era a imprudência encarnada; aliás, a mulher por quem fez tantas loucuras é a criatura mais interessante que encontrei. Schiassetti me dizia:

— Mas você acredita que essa paixão infeliz tenha sido desvantajosa para Salviati?

Primeiro, ele sentiu a desgraça do dinheiro mais aguda que se possa imaginar. Dessa desgraça, que o reduziu a uma fortuna muito medíocre, depois de uma juventude brilhante, e que o teria indignado de raiva em qualquer outra circunstância, só se lembrava a cada quinze dias.

Em seguida, o que é bem mais importante para uma cabeça dessa dimensão, aquela paixão foi o primeiro verdadeiro curso de lógica que jamais fez. Isso parecerá singular num homem que esteve na corte; mas se explica por sua extrema coragem. Por exemplo, atravessou sem pestanejar o dia do ***,[22] que o lançava no nada; espantava-se, como na Rússia, de nada sentir de extraordinário; é um fato que nunca teve medo de nada a ponto de pensar no assunto por dois dias. No lugar dessa despreocupação, procurava a cada minuto ter coragem; até então não tinha enxergado o perigo.

Quando, em consequência de suas imprudências e de sua confiança nas interpretações corretas,* foi condenado a só ver a mulher que amava duas vezes por mês, nós o vimos inebriado de alegria passar as noites a falar com ela, porque fora recebido com essa candura nobre que adorava. Considerava que a sra. *** e ele tinham duas almas fora do comum e que deviam se entender com um olhar. Não conseguia compreender que ela desse a menor atenção às pequenas interpretações burguesas que podiam retratá-lo como um criminoso. O resultado dessa bela confiança

---

*"*Sotto l'usbergo del sentirsi puro*." ["Sob a couraça do sentir-se puro"]. Dante.

SOBRE O AMOR

numa mulher cercada por seus inimigos foi ter ela lhe fechado a porta.

— Com a senhora *** — eu lhe dizia —, você esquece suas máximas, e que só se deve crer na grandeza da alma em último caso.

— Você acredita — ele respondia — que haja no mundo outro coração que convenha mais ao dela? É verdade, estou pagando por esse modo apaixonado de ser, que me fazia ver Léonore furiosa na linha de horizonte dos rochedos de Poligny, devido à desgraça de todas as minhas empreitadas na vida real; desgraça que vem da falta de paciente destreza e de imprudências cometidas pela força da impressão do momento.

Vê-se o toque de loucura.

Para Salviati, a vida era dividida em períodos de quinze dias, que assumiam a cor do último encontro que lhe haviam concedido. Mas várias vezes observei que a felicidade que ele devia a uma acolhida que lhe parecia menos fria era bem inferior em intensidade à infelicidade que lhe causava uma recepção severa.* Às vezes faltava à sra. *** franqueza com ele: eis as duas únicas objeções que ousei lhe fazer. Além daquilo que sua dor tinha de mais íntimo, e sobre o que teve a delicadeza de nunca falar nem mesmo com seus amigos mais queridos e mais isentos de inveja, ele via numa recepção severa de Léonore o triunfo das almas prosaicas e intrigantes sobre as almas sinceras e generosas. Então, desiludia-se com a virtude e, sobretudo, com a glória. Só se permitia falar com seus amigos das ideias verdadeiramente tristes a que a paixão o levava, e que, aliás, podiam ter algum interesse aos olhos da filosofia. Eu estava curioso em observar essa alma estranha; em geral encontra-se o amor-paixão nas pessoas um pouco

---

* É uma coisa que várias vezes pensei ver no amor: essa disposição em tirar mais infelicidade das coisas infelizes do que felicidade das coisas felizes.

tolas, à maneira alemã.* Salviati, ao contrário, estava entre os homens mais firmes e inteligentes que conheci.

Pensei ver que, depois dessas visitas severas, ele só ficava tranquilo quando justificava para si mesmo os rigores de Léonore. Enquanto achasse que ela podia estar errada em maltratá-lo, era infeliz. Eu jamais teria acreditado que o amor fosse tão isento de vaidade.

Fazia-nos permanentemente o elogio do amor.

— Se um poder sobrenatural me dissesse: "Quebre o vidro deste relógio e Léonore será para você o que era há três anos, uma amiga indiferente", na verdade creio que em nenhum momento de minha vida teria a coragem de quebrá-lo.

Eu o via tão louco ao fazer esse raciocínio que nunca tive coragem de lhe apresentar as objeções precedentes.

Ele acrescentava:

— Assim como a reforma de Lutero, no fim da Idade Média, abalando a sociedade até em seus fundamentos, renovou e reconstruiu o mundo sobre bases sensatas, assim um caráter generoso é renovado e retemperado pelo amor.

"É só então que despoja todas as infantilidades da vida; sem essa revolução, teria sempre um não sei quê de afetado e teatral. É só desde que amo que aprendi a ter grandeza de caráter, de tal maneira nossa educação de escola militar é ridícula.

"Embora me comportando bem, eu era uma criança na corte de Napoleão e em Moscou. Cumpria meu dever, mas ignorava essa simplicidade heroica, fruto de um sacrifício total e de boa-fé. Por exemplo, há apenas um ano meu coração compreende a simplicidade dos romanos de Tito Lívio. Outrora eu os achava frios, comparados com nossos brilhantes coronéis. O que faziam para sua Roma eu encontro em meu coração para Léonore. Se tivesse a felicidade de poder fazer algo por ela, meu primeiro desejo seria

---

* Don Carlos, Saint-Preux, o Hippolyte e o Bajazet de Racine.

SOBRE O AMOR

esconder essa felicidade. A conduta dos Régulo, dos Décio, era uma coisa combinada de antemão e que não tinha o direito de surpreendê-los. Eu era pequeno antes de amar, justamente porque às vezes me via tentado a me considerar grande; sentia um certo esforço, pelo qual me felicitava.

"E do lado das afeições, o que não devemos ao amor? Depois dos acasos da primeira juventude, o coração se fecha à simpatia. A morte ou a ausência afasta os companheiros da infância, ficamos reduzidos a passar a vida com associados frios, de metro na mão, sempre calculando ideias de interesse ou vaidade. Pouco a pouco, toda a parte terna e generosa da alma esteriliza-se, por falta de ser cultivada, e com menos de trinta anos o homem encontra-se petrificado para todas as sensações doces e ternas. No meio desse deserto árido o amor faz brotar uma fonte de sentimentos mais abundante e mais fresca até mesmo que a da primeira juventude. Havia então uma esperança vaga, louca e permanentemente distraída;* nunca uma dedicação a alguma coisa, nunca desejos constantes e profundos; a alma, sempre leve, tinha sede de novidade e negligenciava hoje o que adorava ontem. E nada é mais recolhido, mais misterioso, mais eternamente uno em seu objeto do que a cristalização do amor. Então só as coisas agradáveis tinham direito de agradar, e agradar por um instante; agora, tudo o que se refere a quem amamos e até mesmo os objetos mais indiferentes tocam profundamente. Ao chegar a uma grande cidade, a cem milhas daquela onde Léonore habita, vi-me todo tímido e trêmulo: a cada esquina eu fremia temendo encontrar a sra. Alviza, a amiga íntima da sra. * * *, e amiga que não conheço. Para mim tudo adquiriu uma tonalidade misteriosa e sagrada, meu coração palpitava ao falar com um velho cientista. Não conseguia, sem corar, ouvir se referirem à porta perto da qual mora a amiga de Léonore.

* Mordaunt Merton, v. 1 de O *pirata*.

"Até os rigores da mulher que amamos têm graças infinitas e que não encontramos nos momentos mais carinhosos junto a outras mulheres. Assim é que as grandes sombras dos quadros de Correggio, longe de ser, como nos outros pintores, passagens pouco agradáveis mas necessárias para valorizar os claros e dar relevo aos rostos, têm por si mesmas graças encantadoras e que nos jogam num doce devaneio.*

"Sim, a metade e a mais bela metade da vida permanece oculta para o homem que não amou com paixão."

Salviati precisava de toda a força de sua dialética para enfrentar o sábio Schiassetti, que sempre lhe dizia:

— Quer ser feliz? Contente-se com uma vida isenta de sofrimentos, e cada dia com uma pequena dose de felicidade. Defenda-se da loteria das grandes paixões.

— Então me dê a sua curiosidade — respondia Salviati.

Creio que certos dias ele gostaria de poder seguir as opiniões de nosso sábio coronel; lutava um pouco, acreditava ter conseguido; mas essa decisão estava absolutamente acima de suas forças; e, no entanto, que força não tinha essa alma!

Um chapéu de cetim branco, parecendo um pouco com o da sra. ***, que se via de longe na rua, parava os batimentos de seu coração e o forçava a encostar-se na parede. Mesmo em seus momentos mais tristes, a felicidade de encontrá-la dava-lhe sempre algumas horas de embriaguez, acima da influência de todos os infortúnios e de todos os raciocínios.** Aliás, é um fato que quando morreu, depois

---

* Já que disse o nome de Correggio, direi que encontramos numa cabeça de anjo esboçada, na tribuna da galeria de Florença, o olhar do amor feliz; e em Parma, na *Madona coroada por Jesus*, os olhos cabisbaixos do amor.

**"*Come what sorrow can, It cannot countervail the exchange of joy/ That one short moment gives me in her sight/ Romeo and Juliet.*" ["Venha a tristeza que vier, ela não pode compensar a

SOBRE O AMOR   107

de dois anos dessa paixão generosa e sem limites, seu caráter contraíra vários nobres hábitos, e que pelo menos a esse respeito ele se julgava corretamente: se tivesse vivido,* e se as circunstâncias o tivessem um pouco servido, tera

parte de alegria que me dá um breve momento ao vê-la."] *Romeu e Julieta*, ato II, cena VI.

* Poucos dias antes do último, compôs uma pequena ode que tem o mérito de expressar com exatidão os sentimentos sobre os quais conversávamos. "L'ultimo di." Anacreontica. A Elvira. "*Vedi tu dove il rio/ Lambendo un mirto va,/ Là del riposo mio/ La pietra surgerà./ Il passero amoroso,/ E il nobile usignuol,/ Entro quel mirto ombroso/ Raccoglieranno il vol./ Vieni, diletta Elvira,/ A quella tomba vien,/ E sulla muta lira,/ Appoggia il bianco sen./ Su quella bruna pietra,/ Le tortore verran,/ E intorno alla mia cetra,/ Il nido intrecceran. E ogni anno, il di che offendere/ M'osasti tu infedel,/ Farò la sù discendere/ Le folgore del ciel./ Odi d'un uom che muore/ Odi l'estremo suon,/ Questo appassito fiore/ Ti lascio, Elvira, in don./ Quanto prezioso ei sai/ Saper tu il devi appien;/ Il di che fosti mia,/ Te l'involai dal sen./ Simbolo allor d'affetto,/ Or pegno di dolor,/ Torno a posarti in petto./ Quest'appassito fior./ E avrai nel cuor scolpito,/ Se crudo il cor non è,/ Come ti fu rapito,/ Come fu reso a te.*" S. Radael.
["O último dia. Ode anacreôntica. A Elvira. Vês onde o rio/vai lambendo um mirto?/Ali se erguerá/A pedra de meu repouso./ O pássaro amoroso/e o nobre rouxinol/Sobre aquele mirto à sombra/Repousarão seu voo./Vem, Elvira querida,/Vem a meu túmulo,/E sobre minha lira muda,/Apoia teu seio branco./Sobre esta pedra marrom/As rolinhas virão/E trançarão seu ninho/Em torno de minha cítara./E todo ano, no dia em que ousaste me ser infiel/Farei ali descer o trovão do céu./Recolhe a última palavra/Recolhe, de um homem que morre/Deixo-te como dom/Esta flor murcha./Como é preciosa/Deves saber./No dia em que foste minha/Peguei-a em teu seio./Símbolo outrora de afeto/Garantia de dor,/Torno a pousar em teu peito,/Esta flor murcha./E terás gravado no coração,/Se teu coração não é bárbaro,/Como te foi raptada,/Como te foi devolvida."]

feito com que falassem dele. Talvez também, de tanta simplicidade, seu mérito tivesse passado invisível nesta terra.

> *O lasso!*
> *Quanti dolci pensier, quanto disio,*
> *Menò costui al doloroso passo!*

> *Biondo era e bello, e di gentile aspetto:*
> *Ma l'un de'cigli un colpo avea diviso.**

Dante.

---

*"Pobre infeliz! Quantos doces pensamentos e que desejo constante o levaram à sua derradeira hora. Seu rosto era belo e suave, sua cabeleira, loura, somente uma nobre cicatriz ia cortar um de seus supercílios."

32.
Sobre a intimidade

A maior felicidade que o amor possa dar é o primeiro aperto de mão de uma mulher que amamos.

A felicidade da galanteria, ao contrário, é muito mais real e muito mais sujeita a brincadeira.

No amor-paixão, a intimidade não é tanto a felicidade perfeita, mas o último passo para chegar a ela.

Porém, como retratar a felicidade se ela não deixa lembranças?

Mortimer voltava tremendo de uma longa viagem; adorava Jenny; ela não respondera às suas cartas. Ao chegar a Londres, monta a cavalo e vai buscá-la em sua casa de campo. Chega, ela passeia no parque; vai até lá, o coração palpitando; encontra-a, ela lhe estende a mão, o recebe perturbada: vê que é amado. Ao percorrer com ela as alamedas do parque, o vestido de Jenny prendeu num arbusto espinhoso de acácia. Depois disso, Mortimer foi feliz, mas Jenny foi infiel. Afirmo-lhe que Jenny nunca o amou; ele me cita como prova de seu amor a maneira como o recebeu no seu regresso do continente, mas jamais conseguiu me dar o menor detalhe. Só que estremece, visivelmente, assim que vê um arbusto de acácia; é de fato a única lembrança distinta que conservara do momento mais feliz de sua vida.*

* *Vida de Haydn*, p. 228.

Um homem sensível e franco, um antigo cavaleiro, me confidenciava esta noite (no fundo de nosso barco fustigado pelo mau tempo no lago de Garda)* a história de seus amores, os quais por minha vez não confidenciarei ao público, mas sobre os quais me creio no direito de concluir que o momento de intimidade é, como esses belos dias de maio, uma época delicada para as mais belas flores, um momento que pode ser fatal e murchar num instante as mais belas esperanças.**

. . . .

Nunca seria demais elogiar a *naturalidade*. É a única coqueteria permitida numa coisa tão séria como o amor à Werther, no qual não se sabe aonde se vai; e ao mesmo tempo, por um feliz acaso para a virtude, é a melhor tática. Sem desconfiar, um homem verdadeiramente tocado diz coisas encantadoras, fala uma língua que não conhece.

Ai do homem afetado, por menos que o seja! Mesmo quando ama, mesmo com todo o espírito possível, perde três quartos de suas vantagens. Que alguém se deixe um instante levar pela afetação, e um minuto depois tem um instante de secura.

* 20 de setembro de 1811.
** Na primeira briga, a sra. Ivernetta despediu o pobre Bariac. Bariac estava verdadeiramente apaixonado, essa despedida o desesperou; mas seu amigo Guillaume Balaon, cuja vida escrevemos, foi-lhe de grande auxílio, e agiu tão bem que acalmou a severa Ivernetta. Fez-se a paz, e a reconciliação foi acompanhada de circunstâncias tão deliciosas que Bariac jurou a Balaon que o momento dos primeiros favores que obtivera de sua amante não tinha sido tão doce como aquele da voluptuosa reconciliação. Esse discurso virou a cabeça de Balaon, que quis experimentar esse prazer que seu amigo acabava de lhe descrever etc. *Vie de quelques troubadours*, de Nivernois, tomo I, p. 32.

SOBRE O AMOR

Toda a arte de amar se resume, parece-me, a dizer exatamente o que o grau de embriaguez do momento comporta, isto é, em outras palavras, em escutar sua alma. Não se deve crer que isso seja tão fácil; um homem que ama de verdade não tem mais força de falar quando sua amada lhe diz coisas que o tornam feliz.

Perde, assim, as ações que suas palavras teriam feito nascer,* e é melhor se calar do que dizer fora de hora coisas afetuosas demais; o que era adequado dez segundos antes agora já não é, e mancha esse momento. Todas as vezes que desrespeitei essa regra,** e que dizia uma coisa que me viera três minutos antes, e que eu achava bonita, Léonore não deixava de me censurar. Em seguida, ao sair, eu pensava: "Ela tem razão; essas são coisas que devem chocar extremamente uma mulher delicada; é uma indecência do sentimento. Elas mais admitiriam, como os oradores de mau gosto, um grau de fraqueza e frieza. Não tendo de temer no mundo senão a falsidade de seu amante, a menor insinceridade nos detalhes, fosse a mais inocente do mundo, as priva na mesma hora de toda a felicidade e joga-as na desconfiança".

As mulheres honestas mantêm distância da veemência e do improviso, que no entanto são características da paixão; além de a veemência alarmar o pudor, elas se defendem.

Quando um gesto de ciúme ou de desagrado causou frieza, em geral é possível fazer discursos próprios para provocar essa embriaguez favorável ao amor; e se depois das duas ou três primeiras frases de exposição não perdermos a

---

* É o gênero de timidez que é decisivo, e que prova um amor-paixão num homem de espírito.
** Lembremos que, se o autor emprega às vezes o *eu*, é para tentar jogar certa variedade na forma deste ensaio. Ele não tem a menor pretensão de entreter seus leitores com seus próprios sentimentos. Procura comunicar com o menos de monotonia possível o que observou nos outros.

ocasião de dizer exatamente o que a alma sugere, daremos prazeres profundos a quem amamos. O erro da maioria dos homens é que querem dizer determinada coisa que acham bonita, espirituosa, comovente; em vez de distenderem sua alma contra a afetação do mundo, até esse grau de intimidade e naturalidade de expressar ingenuamente o que ela sente no momento. Se tivermos essa coragem, receberemos de imediato sua recompensa por uma espécie de reconciliação.

É essa recompensa tão rápida quanto involuntária dos prazeres dada a quem amamos que põe essa paixão tão forte acima das outras.

Se há a naturalidade perfeita, a felicidade de dois indivíduos chega a se confundir.* Por causa da simpatia e de várias outras leis de nossa natureza, é pura e simplesmente a maior felicidade que possa existir.

É extremamente fácil determinar o significado dessa palavra: *naturalidade*, condição necessária da felicidade por intermédio do amor.

Chama-se *naturalidade* o que não se afasta da maneira habitual de agir. Desnecessário dizer que nunca se deve não só mentir para quem se ama como nem sequer embelezar um mínimo que seja e alterar a pureza de traços da verdade. Pois, se a embelezamos, a atenção fica ocupada em embelezar e já não responde ingenuamente, como a tecla de um piano, ao sentimento que se mostra em seus olhos. Ela logo percebe, por não sei qual frieza que sente, e por sua vez recorre à faceirice. Não seria essa a razão oculta pela qual não conseguiríamos amar uma mulher de um espírito muito inferior? É que junto dele podemos fingir impunemente; e como fingir é mais cômodo, por causa do hábito, entregamo-nos à falta de naturalidade. A partir daí, o amor não é mais amor, decai e é apenas um negócio corrente; a única diferença é que em vez de

---

* A se colocar exatamente nos mesmos atos.

SOBRE O AMOR

dinheiro ganha-se prazer ou vaidade, ou uma mistura dos dois. Mas é difícil não sentir um toque de desprezo por uma mulher com quem se pode impunemente representar, e por conseguinte só falta, para abandoná-la ali, encontrar algo melhor a esse respeito. O hábito ou os juramentos podem prender; mas falo do pendor do coração, cuja naturalidade o faz voar para o maior prazer.

Voltando a essa palavra *naturalidade*, naturalidade e hábito são duas coisas. Se tomamos essas palavras no mesmo sentido, é evidente que quanto mais se tem sensibilidade, mais é difícil ser *natural*, pois o hábito exerce um domínio menos poderoso sobre a maneira de ser e de agir, e o homem está mais ativo em cada circunstância. Todas as páginas da vida de uma criatura fria são as mesmas, veja-a hoje, veja-a ontem, é sempre a mesma mão de madeira.[23]

Quando seu coração está emocionado, um homem sensível não encontra mais em si traços do hábito para guiar suas ações; e como poderia seguir um caminho cujo sentimento ele já não tem?

Sente o peso imenso que se liga a cada palavra que diz a quem ama, parece-lhe que uma palavra vai decidir sua sorte. Como poderá não tentar falar bem? A partir daí, não tem mais candura. Portanto, não se deve aspirar à candura, essa qualidade de uma alma que não faz nenhum retorno a si mesma. Somos o que podemos, mas sentimos o que somos.

Creio que chegamos ao último grau de naturalidade que o coração mais delicado pode exigir em amor.

Um homem apaixonado só pode abraçar fortemente, como seu único recurso na tempestade, o juramento de nunca mudar em nada a verdade e ler corretamente em seu coração; se a conversa é viva e entrecortada, pode esperar belos momentos de naturalidade, do contrário só será perfeitamente natural nas horas em que amar um pouco menos loucamente.

Ao lado de quem amamos, a naturalidade mal permanece nos *movimentos*, em cujos músculos, porém, os hábitos estão tão profundamente enraizados. Quando eu dava o braço a Léonore, sempre me parecia estar prestes a cair, e pensava estar andando direito. Tudo o que se consegue é jamais ser afetado voluntariamente; basta estar convencido de que a falta de naturalidade é a maior desvantagem possível, e pode facilmente ser a fonte das maiores desgraças. O coração da mulher que você ama não ouve mais o seu, você perde esse movimento nervoso e involuntário da franqueza que responde à franqueza. É perder todos os meios de tocá-la, eu quase diria de seduzi-la; não é que eu pretenda negar que uma mulher digna de amor pode ver seu destino nessa bonita divisa da hera, que *morre se não se prende*; é uma lei da natureza; mas é sempre um passo decisivo para a felicidade fazer a do homem que se ama. Parece-me que uma mulher sensata só deve conceder tudo a seu amante quando não pode mais se defender, e a mais leve desconfiança sobre a sinceridade de seu coração lhe restitui de imediato um pouco de força, e suficiente ao menos para adiar mais um dia a sua derrota.*

Será preciso acrescentar que, para tornar tudo isso o cúmulo do ridículo, basta aplicá-lo ao amor-gosto?

* "*Hoec autem ad acerbam rei memoriam, amara quadam dulcedine scribere visum est... ut cogitem nihil esse debere quod amplius mibi placeat in hac vita.*" Petrarca, ed. Marsand, 15 de janeiro de 1819. ["Parece que ele escreve sobre essas lembranças cruéis com não sei qual doçura amarga... e penso que nada deve ver aí que possa me agradar mais nesta vida." Prefácio de Antonio Marsand para obras de Petrarca.]

33.

Sempre uma duvidazinha a aplacar, eis o que faz a sede de todos os instantes, eis o que faz a vida do amor feliz. Como o temor jamais o abandona, seus prazeres jamais podem entediar. O caráter dessa felicidade é a extrema seriedade.

34.
Sobre as confidências

Não há no mundo insolência castigada mais depressa do que a que o leva a confiar a um amigo íntimo um amor-paixão. Ele sabe, se o que você disse é verdade, que você tem prazeres mil vezes superiores aos seus, e que o levam a desprezar os dele.

É ainda bem pior entre mulheres, pois o destino de suas vidas é inspirar uma paixão, e, em geral, a confidente também expôs sua gentileza aos olhares do amante.

Por outro lado, para a criatura devorada por essa febre não há no mundo necessidade moral mais imperiosa que a de um amigo diante de quem seja possível raciocinar sobre as dúvidas atrozes que se apoderam da alma a todo instante, pois nessa paixão terrível *sempre uma coisa imaginada é uma coisa existente*.

"Um grande defeito do caráter de Salviati", ele escrevia em 1817, "nisso bem oposto ao de Napoleão, é que, quando na discussão dos interesses de uma paixão alguma coisa chega a ser moralmente demonstrada, ele não consegue se esforçar para partir dessa base como de um fato estabelecido para sempre; e a contragosto, e para sua grande desgraça, o recoloca o tempo todo em discussão." É que é fácil ter coragem na ambição. A cristalização que não é subjugada pelo desejo da coisa que se quer obter empenha-se em fortalecer a coragem; no amor, está toda a serviço do objeto contra o qual se deve ter coragem.

Uma mulher pode encontrar uma amiga pérfida, também pode encontrar uma amiga entediada.

Uma princesa de trinta e cinco anos,* entediada e perseguida pela necessidade de agir, de intrigar etc. etc., descontente com a frieza de seu amante, e no entanto não podendo esperar que um novo amor nascesse, não sabendo o que fazer da atividade que a devora, e não tendo outra distração além dos acessos de mau humor, pode muito bem encontrar uma ocupação, isto é, um prazer, e um objetivo na vida em tornar infeliz uma verdadeira paixão; paixão que alguém tem a insolência de sentir por outra que não ela, ao passo que o amante adormece a seu lado.

É o único caso em que o *ódio* produz felicidade; é que ele proporciona ocupação e trabalho.

Nos primeiros instantes, o prazer de fazer alguma coisa, assim que a sociedade desconfia da iniciativa, a *agitação* de conseguir, dá encanto a essa ocupação. O ciúme da amiga assume a máscara do ódio pelo amante; do contrário, como seria possível odiar furiosamente um homem que jamais se viu? Evita confessar a inveja, pois seria preciso, primeiro, confessar o mérito, e ela tem aduladores que só sustentam a corte apontando ridículos na boa amiga.

A confidente pérfida, ao mesmo tempo que se permite ações da última perversidade, pode muito bem acreditar ser estimulada unicamente pelo desejo de não perder uma amizade preciosa. A mulher entediada pensa que até mesmo a amizade definha num coração devorado pelo amor e suas ansiedades mortais; ao lado do amor, a amizade só consegue se sustentar por meio das confidências; ora, o que é mais odioso para a inveja do que tais confidências?

As únicas que são bem recebidas entre mulheres são as acompanhadas pela franqueza deste raciocínio:

— Minha cara amiga, na guerra tão absurda como implacável que travam contra nós os preconceitos que

---

* Veneza, 1819.

118   STENDHAL

nossos tiranos puseram na moda, sirva-me hoje e amanhã será minha vez.*

Antes dessa exceção existe a da verdadeira amizade nascida na infância e, desde então, não estragada por nenhum ciúme.

....

As confidências de amor-paixão só são bem recebidas entre colegiais amorosos do amor, e entre mocinhas devoradas pela curiosidade, pela ternura a empregar, e talvez já treinadas pelo instinto,** que lhes diz que esse é o grande negócio de suas vidas e que elas não deveriam demorar muito a se ocupar dele.

Todo mundo viu menininhas de três anos se desincumbirem muito bem dos deveres da galanteria.

O amor-gosto inflama-se e o amor-paixão esfria com as confidências.

Além dos perigos, há a dificuldade das confidências. No amor-paixão, o que não se pode expressar (porque a língua é grosseira demais para alcançar esses matizes) nem por

* *Mémoires* de Madame d'Épinay, Jéliotte. [Pierre de Jéliotte, 1713-97, famoso tenor da Ópera de Paris, cuja paixão por Madame de la Live de Jully, cunhada de Madame d'Épinay, é evocada nas *Mémoires*.]

Praga, Klagenfurt, toda a Morávia etc. etc. As mulheres aí são muito espirituosas e os homens, grandes caçadores. A amizade é muito comum entre mulheres. A bela estação da região é o inverno: fazem sucessivamente caçadas de quinze a vinte dias entre os grandes senhores da província. Um dos mais espirituosos me dizia um dia que Carlos v reinara legitimamente em toda a Itália, e que por conseguinte era em vão que os italianos queriam se revoltar. A mulher desse bravo homem lia as cartas de Mademoiselle de Lespinasse. (Znaim, 1816.)

** Grande questão. Parece-me que, além da educação que começa aos oito ou dez meses, há um pouco de instinto.

SOBRE O AMOR

isso deixa de existir, só que, como são coisas muito finas, ficamos mais sujeitos a nos enganar ao observá-las.

E um observador muito emocionado observa mal; é injusto diante do acaso.

O que há talvez de mais sábio é nos tornarmos nossos próprios confidentes. Escreva esta noite, com nomes falsos, mas com todos os pormenores característicos, o diálogo que acaba de ter com sua amada, e a dificuldade que o perturba. Dentro de oito dias, se tiver o amor-paixão, será outro homem, e então, lendo sua consulta, poderá dar a si mesmo um bom conselho.

Entre homens, desde que sejam mais de dois e que a inveja possa surgir, a cortesia obriga a só falar de amor físico; veja o final dos jantares de homens. São os sonetos de Baffo* que eles recitam e que provocam um prazer infinito, porque cada um leva ao pé da letra os louvores e arroubos do vizinho, que, com muita frequência, só quer parecer alegre ou bem-educado. As ternuras encantadoras de Petrarca ou os madrigais franceses ficariam deslocados.

---

* O dialeto veneziano tem descrições do amor físico de uma vivacidade que deixa a mil léguas Horácio, Propércio, La Fontaine e todos os poetas. O sr. Buratti, de Veneza, é neste momento o primeiro poeta satírico de nossa triste Europa. Ele é excelente sobretudo na descrição do físico grotesco de seus heróis, assim sendo, volta e meia o levam para a prisão. Ver o *Elefanteide*, o *Uomo* e a *Strefeide*.

35.
Sobre o ciúme

Quando se ama, apertado numa tribuna e atento em ouvir uma discussão das Câmaras, ou indo a galope render uma guarda avançada, sob o fogo do inimigo, a cada novo objeto que impressiona os olhos ou a memória sempre se acrescenta uma nova perfeição à ideia que se tem da amante, ou se descobre um novo meio, que de início parece excelente, de ser mais amado por ela.

Cada passo da imaginação é pago por um momento de delícias. Não é de surpreender que tal maneira de ser seja cativante.

No instante em que nasce o ciúme, o mesmo hábito da alma permanece, mas para produzir um efeito contrário. Cada perfeição que você acrescenta à coroa de quem ama, e que talvez ame outro, longe de lhe proporcionar uma fruição revolve um punhal em seu coração. Uma voz lhe grita:

— Esse prazer tão encantador, seu rival é que o desfrutará.*

E os objetos que impressionam a você, sem produzir esse primeiro efeito, em vez de lhe mostrar, como outrora, um novo meio de ser amado, fazem-no ver uma nova vantagem do rival.

---

* Eis uma loucura do amor: essa perfeição que você vê para ele não é uma.

SOBRE O AMOR

Você encontra uma mulher bonita galopando no parque,* e o rival é famoso por seus belos cavalos que o fazem percorrer dez milhas em cinco minutos.

Nesse estado, a fúria nasce facilmente; já não nos lembramos de que, no amor, *possuir não é nada, o gozo é que é tudo*; exageramos a felicidade do rival, exageramos a insolência que essa felicidade lhe dá, e chegamos ao auge dos tormentos, isto é, à extrema desgraça envenenada também por um resto de esperança.

O único remédio talvez seja observar de muito perto a felicidade do rival. Volta e meia você o verá adormecer tranquilamente no salão onde está aquela mulher que, a cada chapéu parecido com o dela e que você vê de longe na rua, suspende os batimentos de seu coração.

Você quer acordá-lo, basta mostrar o seu ciúme. Você talvez tenha a vantagem de informar-lhe o preço da mulher que o prefere a você, e ele lhe deverá o amor que tiver por ela.

Em relação ao rival não há meio-termo; é preciso gracejar com ele, com o ar mais desenvolto possível, ou meter-lhe medo.

Sendo o ciúme o maior de todos os males, acharemos que expor a vida é uma diversão agradável. Pois, então, nossos devaneios não serão todos envenenados e tendendo para o tenebroso (pelo mecanismo exposto acima), às vezes podemos imaginar que matamos esse rival.

De acordo com o princípio de que nunca devemos enviar forças ao inimigo, há que esconder do rival o seu amor e, a pretexto de vaidade e o mais longe possível do amor, dizer-lhe muito secretamente, com toda a cortesia possível e o ar mais calmo e mais simples:

— Cavalheiro, não sei por que o público se atreve a me dar a fulaninha; faz até a bondade de crer que estou apaixonado por ela; se desejá-la o senhor, eu a cederia de bom grado se infelizmente não me expusesse a fazer um

---

* Montagnola, 15 de abril de 1819.

papel ridículo. Em seis meses, pegue-a tanto quanto quiser, mas hoje a honra que se atribui não sei por que a essas coisas obriga-me a lhe dizer, para minha grande tristeza, que se acaso o senhor não tiver a consideração de esperar que chegue a sua vez um de nós terá de morrer.

Seu rival provavelmente é um homem não apaixonado, e talvez um homem muito prudente que, quando estiver convencido da sua resolução, tratará de lhe ceder a mulher em questão, assim que puder encontrar um pretexto honroso. É por isso que convém pôr alegria na sua declaração e cobrir toda a iniciativa com o mais profundo segredo.

O que torna tão aguda a dor do ciúme é que a vaidade não pode ajudar a suportá-la, e pelo método de que lhe falo a sua vaidade tem alimento. Você pode se considerar um bravo se estiver reduzido a desprezar-se como digno de ser amado.

Caso prefira não encarar as coisas tragicamente, é preciso partir e ir para quarenta léguas dali, sustentar uma bailarina cujos encantos terão parecido detê-lo quando você passava.

Por pouco que o rival tenha uma alma corrente, acreditará que você está consolado.

Muitas vezes a melhor decisão é esperar, sem pestanejar, que o rival *se desgaste* junto ao objeto amado, por suas próprias bobagens. Pois, a menos de ser uma grande paixão, assumida pouco a pouco e na primeira juventude, uma mulher de espírito não ama por muito tempo um homem comum.* No caso do ciúme depois da intimidade, também há que ter indiferença aparente e inconstância real, pois muitas mulheres ofendidas por um amante que elas ainda amam se apegam ao homem de quem ele demonstra ter ciúme, e o jogo se torna uma realidade.**

Entrei em certos detalhes porque, em geral, nesses momentos de ciúme perde-se a cabeça; conselhos escritos há

---

* *La princesse de Tarente*, novela de Scarron.
** Como em *O curioso impertinente*, novela de Cervantes.

SOBRE O AMOR

muito tempo fazem bem, e, como o essencial é fingir calma, é conveniente pegar o tom num texto filosófico.

Como não se tem poder sobre você senão retirando-o de você ou o fazendo esperar coisas cujo preço é totalmente determinado pela paixão, se conseguir que os seus adversários o considerem indiferente, de súbito eles não terão mais armas.

Se não temos nenhuma ação a fazer, e se conseguimos nos divertir na busca de alívio, encontraremos algum prazer em ler *Othello*; ele nos fará duvidar das aparências mais conclusivas. Fixaremos os olhos, deliciados, nestas palavras:

> *Trifles light as air*
> *Seem to the jealous confirmations strong*
> *As proofs from holy writ.*
> *Othello*, ato III.*

Senti que a visão de um belo mar é consoladora.

The morning which had arisen calm and bright, gave a pleasant effect to the vast mountain view which was seen from the castle on looking to the landward; and the glorious Ocean crisped with a thousand rippling waves of silver, extended on the other side in awful yet complacent majesty to the verge of the horizon. With such scenes of calm sublimity, the human heart sympathizes even in his most disturbed moods, and deeds of honour and virtue are inspired by their majestic influence.

Walter Scott, *A noiva de Lammermoor*, I, 193**

---

* "Bagatelas leves como o ar parecem para um ciumento provas tão fortes como as que tiramos das promessas do Santo Evangelho."
** "A manhã, que se levantara calma e brilhante, dava um aspecto agradável à visão da vasta montanha que se tinha do castelo olhando para dentro das terras. E o Oceano glorioso, enrugado por milhares de ondas de prata, estendia-se até o outro lado, em

Encontrei escrito por Salviati: "*20 de julho de 1818*. — Aplico com frequência e insensatamente, creio, à vida inteira o sentimento que um ambicioso ou um bom cidadão tem durante uma batalha se seu serviço for vigiar o parque de reserva ou qualquer outro posto sem perigo e sem ação. Eu teria remorsos aos quarenta anos por ter passado a idade de amar sem paixão profunda. Teria tido esse desprazer amargo e que rebaixa se percebesse tarde demais que caíra no engano de passar a vida sem viver.

"Passei ontem três horas com a mulher que amo, e com um rival que ela quer me fazer crer que é bem tratado. Certamente houve momentos de amargura ao observar seus belos olhos fixados nele, e, ao sair de sua casa, ímpetos intensos que iam da extrema infelicidade à esperança. Mas quantas coisas novas! Quantos pensamentos profundos! Quantos raciocínios rápidos! E apesar da felicidade aparente do rival, com que orgulho e delícias meu amor se sentia acima do seu! Eu pensava: 'Essas faces empalideceriam com o medo mais vil ao menor dos sacrifícios que meu amor fizesse em tom de troça, que digo, e com felicidade; por exemplo, pôr a mão no chapéu para tirar um destes dois bilhetes: *ser amado por ela*, e o outro, *morrer agora*; e esse sentimento está tão em sintonia comigo que não me impediria de ser amável e de conversar'.

"Se tivessem me contado isso há dois anos, eu teria rido."

Leio na viagem dos capitães Lewis e Clarke às nascentes do Missouri em 1806, página 215:

"Os *Ricaras* são pobres, mas bons e generosos; vivemos bastante tempo em três de suas aldeias. Suas mulheres são mais belas que as de todas as outras tribos que

_____

sua majestade terrível e doce, até os confins do horizonte. O coração humano, mesmo em seus mais perturbados momentos, simpatiza com essas cenas sublimes e calmas, e atos de honra e de virtude são inspirados pela sua majestosa influência."

SOBRE O AMOR

encontramos; são também muito dispostas a não deixar seus amantes definharem. Encontramos um novo exemplo dessa verdade de que basta percorrer o mundo para ver que tudo é variável. Entre os *Ricaras*, é um grande motivo de ofensa se, sem o consentimento do marido ou do irmão, uma mulher concede seus favores. Mas, aliás, os irmãos e os maridos ficam muito contentes de ter a oportunidade de fazer essa pequena cortesia a seus amigos.

"Tínhamos um negro entre essa gente; ele causou a maior sensação num povo que pela primeira vez via um homem dessa cor. Logo se tornou o favorito do belo sexo, e víamos que os maridos, em vez de ciumentos, ficavam encantados ao vê-lo chegar em suas casas. O que há de engraçado é que no interior das cabanas tão exíguas vê-se tudo."*

* Deveria se estabelecer na Filadélfia uma academia que se ocupasse unicamente de recolher materiais para o estudo do homem em seu estado selvagem, e não esperar que essas tribos curiosas sejam aniquiladas.

Bem sei que tais academias existem, mas aparentemente com regulamentos dignos de nossas academias da Europa. (*Mémoire et discussion sur le Zodiaque de Denderah*, na Academia de Ciências de Paris, em 1821.) Vejo que a Academia de Massachusetts, creio, encarrega prudentemente um membro do clero (sr. Jarvis) de fazer um relatório sobre a religião dos selvagens. O padre não deixa de refutar com todas as suas forças um francês ímpio chamado Volney. Segundo o padre, os selvagens têm as ideias mais exatas e nobres sobre a Divindade etc. Se ele morasse na Inglaterra, esse relatório valeria ao digno acadêmico um *preferment* de trezentos ou quatrocentos luíses e a proteção de todos os nobres lordes do cantão. Mas na América? Aliás, o ridículo dessa Academia me lembra que os livres americanos dão o maior valor em ver belos armários pintados nas cortinas de suas carruagens; o que os aflige é que por causa da pouca instrução de seus pintores de carruagens há com frequência erros nos brasões.

36.
Continuação do ciúme

Quanto à mulher suspeita de inconstância:

Ela o abandona porque você desencorajou a cristalização, e talvez você tenha no coração dela o apoio do hábito.

Ela o abandona porque está demasiado segura de você. Você matou o temor, e as pequenas dúvidas do amor feliz não podem mais nascer; inquiete-a, e sobretudo evite o absurdo dos protestos.

No longo tempo que você viveu perto dela terá provavelmente descoberto qual é a mulher da cidade ou da sociedade de quem ela tem ciúme e que mais teme. Corteje essa mulher, mas, bem longe de exibir sua corte, tente escondê-la, e tente de boa-fé; fie-se nos olhos do ódio para ver tudo e sentir tudo. A profunda distância que sentirá durante vários meses em relação a todas as mulheres* deve lhe facilitar isso. Lembre-se de que na posição em que você está estraga-se tudo pela aparência da paixão: veja pouco a mulher amada e beba champanhe em boa companhia.

Para julgar o amor de sua amante, lembre-se:

1º Que quanto mais prazer físico entrar na base de um amor, naquilo que outrora determinou a intimidade, mais ele estará sujeito à inconstância e, sobretudo, à infidelidade.

---

* Compara-se o ramo de uma árvore guarnecida de diamante com o ramo de uma árvore desfolhada, e os contrastes tornam mais vivas as lembranças.

SOBRE O AMOR

Isso se aplica em especial aos amores cuja cristalização foi favorecida pelo fogo da juventude, aos dezesseis anos.

2º O amor de duas pessoas que se amam quase nunca é o mesmo.* O amor-paixão tem suas fases durante as quais, ora um ora outro, um dos dois ama mais. Muitas vezes a simples galanteria ou o amor de vaidade responde ao amor-paixão, e é mais a mulher que ama com arrebatamento. Qualquer que seja o amor sentido por um dos dois amantes, assim que um tem ciúme exige que o outro preencha as condições do amor-paixão; a vaidade simula nele todas as necessidades de um coração afetuoso.

Finalmente, nada aborrece o amor-gosto como o amor-paixão em seu *partner*.

Volta e meia um homem de espírito, cortejando uma mulher, apenas a fez pensar no amor e enternecer sua alma. Ela recebe bem esse homem de espírito que lhe dá esse prazer. Ele nutre esperanças.

Um belo dia, essa mulher encontra o homem que a faz sentir o que o outro descreveu.

Não sei quais são os efeitos do ciúme de um homem no coração da mulher que ele ama. Vindo de um apaixonado que importuna, o ciúme deve inspirar suma repugnância, que chega até mesmo ao ódio se o objeto do ciúme for mais agradável que o ciumento, pois só queremos ciúme de quem podemos ser ciumentas, dizia a sra. de Coulanges.

Se amamos o ciumento e ele não tem direitos, o ciúme pode chocar esse orgulho feminino tão difícil de gerir e de reconhecer. O ciúme pode agradar às mulheres que têm orgulho, como uma nova maneira de lhes mostrar seu poder.

O ciúme pode agradar como uma nova maneira de provar o amor. O ciúme pode chocar o pudor de uma mulher ultradelicada.

---

* Exemplo: o amor de Alfieri por uma grande dama inglesa (milady Ligonier), que também fazia amor com seu lacaio, e que assinava tão divertidamente *Penélope*. *Vita*, II.

O ciúme pode agradar por mostrar a bravura do amante: *ferrum amant*.[24] Note que é a bravura que é amada, e não a coragem à Turenne, que pode muito bem se aliar a um coração frio.

Uma das consequências do princípio da cristalização é que uma mulher jamais deve dizer *sim* ao amante que ela enganou se quer um dia fazer alguma coisa desse homem.

Tamanho é o prazer de continuar a desfrutar dessa imagem perfeita que formamos do objeto que nos envolve que até esse *sim* fatal

L'on va chercher bien loin, plutôt que de mourir,
Quelque pretexte ami pour vivre et pour souffrir.
André Chénier[25]

É conhecida na França a história da srta. de Sommery, que, apanhada em flagrante por seu amante, nega-lhe o fato ousadamente, e quando o outro torna a exclamar, ela lhe diz:

— Ah! Vejo muito bem que você já não me ama; acredita mais no que vê que naquilo que lhe digo.

Reconciliar-se com uma amante adorada que lhe fez uma infidelidade é dedicar-se a destruir, a golpes de espada, uma cristalização que renasce permanentemente. É preciso que o amor morra, e o seu coração sentirá com dilacerações terríveis todos os passos de sua agonia. É uma das combinações mais infelizes dessa paixão e da vida; seria preciso ter a força de só se reconciliar como amigo.

37.
Roxane

Quanto ao ciúme entre as mulheres, elas são desconfiadas, arriscam infinitamente mais que nós, sacrificaram mais ao amor, têm muito menos meios de distrações, têm sobretudo muito menos meios de verificar os atos de seu amante. Uma mulher sente-se aviltada pelo ciúme, parece estar correndo atrás de um homem, acredita ser motivo de chacota de seu amante e que ele zomba, sobretudo, de seus mais ternos arroubos, deve se inclinar à crueldade e, no entanto, não pode matar legalmente sua rival.

Portanto, entre as mulheres o ciúme deve ser um mal ainda mais abominável, se isso é possível, do que entre os homens. É tudo o que o coração humano pode suportar de raiva impotente e de desprezo por si mesmo,* sem se quebrar.

Não conheço outro remédio para um mal tão cruel senão a morte de quem o inspira ou de quem o sente. Pode-se ver o ciúme francês na história da sra. De la Pommeraye, de *Jacques, o Fatalista*.

La Rochefoucauld diz: "Envergonhamo-nos de confessar que sentimos ciúme e vangloriamo-nos de tê-lo sentido e ser capaz de sentir".** As pobres mulheres não ousam

---

* Esse desprezo é uma das grandes causas do suicídio; as pessoas se matam para reparar a honra.

** Pensamento 495. Ter-se-á reconhecido, sem que eu o tenha

130   STENDHAL

nem sequer confessar que sofreram esse suplício cruel, de tal forma ele as cobre de ridículo. Uma chaga tão dolorosa jamais deve cicatrizar totalmente.

Se a razão fria pudesse se expor ao fogo da imaginação com a sombra da aparência do sucesso, eu diria às pobres mulheres infelizes pelo ciúme: "Há uma grande distância entre a infidelidade nos homens e nas mulheres. Com vocês, essa ação é em parte *ação direta*, em parte *sinal*. Pelo efeito de nossa educação de escola militar, no homem ela não é sinal de nada. Ao contrário, pelo efeito do pudor, ela é na mulher o mais decisivo de todos os sinais de devoção. Um mau hábito torna-a como que uma necessidade para os homens. Durante toda a primeira juventude, o exemplo dos que chamamos os *grandes*, no colégio, faz com que depositemos toda a nossa vaidade, toda a prova de nosso mérito no número de sucessos desse gênero. A educação de vocês age no sentido inverso".

Quanto ao valor de uma ação como *sinal*, num ímpeto de cólera viro uma mesa sobre o pé de meu vizinho, isso lhe causa uma dor dos diabos, mas pode muito bem arranjar as coisas, ou então faço o gesto de lhe dar um tabefe.

A diferença da infidelidade nos dois sexos é tão real que uma mulher apaixonada pode perdoar uma infidelidade, o que é impossível para um homem.

Eis uma experiência decisiva para estabelecer a diferença entre o amor-paixão e o amor *por picuinha*; entre as mulheres a infidelidade quase mata um e redobra o outro.

As mulheres orgulhosas dissimulam seu ciúme com o orgulho. Passam longas noites silenciosas e frias com aquele homem que adoram, que morrem de medo de perder, e aos olhos do qual elas se veem pouco amáveis. Deve ser um dos maiores suplícios possíveis, é também uma das fontes mais fecundas de desgraça no amor. Para curar essas

---

marcado a cada vez, vários outros pensamentos de escritores célebres.

mulheres, tão dignas de todo o nosso respeito, o homem precisa de alguma iniciativa estranha e forte, e sobretudo que não dê a impressão de ver o que está acontecendo. Por exemplo, uma grande viagem com elas, decidida em vinte e quatro horas.

38.
Sobre a picuinha* de amor-próprio

A picuinha é um movimento da vaidade; não quero que meu antagonista leve a melhor, e *pego esse próprio antagonista como juiz de meu mérito*. Quero produzir efeito em seu coração. É por isso que se vai além do que é razoável.

Às vezes, para justificar sua própria extravagância, chega-se ao ponto de pensar que esse competidor tem a pretensão de nos enganar.

Sendo a *picuinha* uma *doença da honra*, ela é muito mais frequente nas monarquias, e só bem raramente deve se mostrar nos países onde reina o hábito de apreciar os atos por seu grau de utilidade, nos Estados Unidos da América, por exemplo.

Todo homem, e um francês mais que outro, abomina ser visto como passado para trás; no entanto, a leviandade do antigo caráter monárquico francês** impede a *picuinha* de fazer grandes estragos em outro lugar além da galanteria ou do amor-gosto. A picuinha só produziu

---

* Sei que esta palavra não é muito francesa neste sentido, mas não encontro nada para substituí-la. Em italiano, *puntiglio*, em inglês, *pique*.

** Três quartos dos grandes senhores franceses, por volta de 1778, estariam na situação de ser r[eincidentes] perante a j[ustiça], num país onde as leis fossem executadas sem acepção de pessoas.

SOBRE O AMOR

perversidades notáveis nas monarquias em que, pelo clima, o temperamento é mais sombrio (Portugal, Piemonte).

Na França, os provincianos criam um modelo ridículo do que deve ser em sociedade a consideração de um homem galante, e em seguida se põem à espreita, e ali ficam toda a vida observando se ninguém pula por cima do fosso. Assim, não há naturalidade, eles estão sempre de picuinha, e essa mania torna ridículo até mesmo seu amor. É, depois da inveja, o que torna mais insustentável a permanência em cidadezinhas e é em que precisamos pensar quando admiramos a situação pitoresca de alguma delas. As emoções mais generosas e mais nobres são paralisadas pelo contato com o que há de mais baixo nos produtos da civilização. Para se tornarem pavorosos de uma vez por todas, esses burgueses só falam da corrupção das cidades grandes.*

A picuinha não pode existir no amor-paixão, ela pertence ao orgulho feminino: "Se me deixar maltratar por meu amante ele me desprezará e não poderá mais me amar"; ou ela é o ciúme com todos os seus furores.

O ciúme quer a morte do objeto que ele teme. O homem espicaçado está bem longe disso, quer que seu inimigo viva e, sobretudo, seja testemunha de seu triunfo.

O homem espicaçado veria com pesar seu rival renunciar à concorrência, pois esse homem pode ter a insolência de se dizer no fundo do coração: "Se eu tivesse continuado a me ocupar desse objeto, o teria derrotado".

Na *picuinha*, ninguém está nem um pouco preocupado com o objetivo aparente, só se trata da vitória. É o que se vê nos amores das moças da Ópera; se você afasta a rival, a pretensa paixão, que ia ao ponto de se jogar pela janela, desaba imediatamente.

---

* Como eles se fazem de polícia uns em relação aos outros, por inveja, no que respeita ao amor, na província há menos amor e mais libertinagem. A Itália é mais feliz.

O amor por picuinha passa num instante, ao contrário do amor-paixão. Basta que, por uma iniciativa irrefragável, o antagonista confesse renunciar à luta. No entanto, hesito em adiantar essa máxima, da qual só tenho um exemplo, e que me deixa dúvidas. Eis o fato, o leitor julgará. Doña Diana é uma jovem de vinte e três anos, filha de um dos mais ricos e orgulhosos burgueses de Sevilha. É bela, sem dúvida, mas de uma beleza peculiar, e lhe atribuem infinitamente espírito e ainda mais orgulho. Amava apaixonadamente, pelo menos na aparência, um jovem oficial de quem sua família não queria saber. O oficial parte para a América com Morillo; escreviam-se o tempo todo. Um dia, na casa da mãe de Doña Diana, no meio de muita gente, um palerma anuncia a morte desse amável rapaz. Todos os olhos se viram para ela, que só diz estas palavras:

— É uma pena, tão jovem!

Tínhamos justamente lido, nesse dia, uma peça do velho Massinger, que termina de maneira trágica, mas na qual a heroína encara com essa tranquilidade aparente a morte do amante. Eu via a mãe estremecer apesar de seu orgulho e seu ódio; o pai saiu para esconder sua alegria. No meio de tudo isso e dos espectadores atrapalhados, e revirando os olhos para o tolo narrador, Doña Diana, a única tranquila, continuou a conversação como se nada houvesse. A mãe, apavorada, mandou sua criada de quarto observá-la, e nada pareceu mudar em sua maneira de ser.

Dois anos depois, um rapaz muito bonito a corteja. Ainda dessa vez, e sempre pela mesma razão, porque o pretendente não era nobre, os pais de Doña Diana se opõem violentamente ao casamento; ela declara que ele se fará. Cria-se uma picuinha de amor-próprio entre a moça e seu pai. Proíbem ao rapaz entrar na casa. Já não levam Doña Diana para o campo e ainda menos à igreja; retiram-lhe com um raro zelo todos os meios possíveis de encontrar o amante. Ele se disfarça e a vê secretamente

SOBRE O AMOR

entre longos intervalos. Ela se obstina cada vez mais e recusa os partidos mais brilhantes, até mesmo um título e uma ótima situação na corte de Fernando VII. Toda a cidade fala das desgraças desses amantes e de sua constância heroica. Finalmente, a maioridade de Doña Diana se aproxima; ela comunica ao pai que vai gozar do direito de dispor de si mesma. A família, acuada em seus últimos redutos, começa as negociações do casamento; quando ele está semiconcluído, numa reunião oficial das duas famílias, depois de seis anos de constância, o rapaz recusa Doña Diana.*

Quinze minutos depois, parecia não ter acontecido nada. Ela estava consolada; acaso amaria por picuinha? Ou será uma grande alma que desdenha, com sua dor, entregar-se como espetáculo para a sociedade?

Volta e meia o amor-paixão só pode chegar à felicidade, direi, fazendo nascer uma *picuinha* de amor-próprio; então obtém na aparência tudo o que poderia desejar, suas queixas seriam ridículas e pareceriam insensatas; não pode mais fazer confidências sobre sua desgraça, e no entanto ele toca e verifica o tempo todo essa desgraça; suas provas são entrelaçadas, se posso dizer assim, com as circunstâncias mais lisonjeiras e as mais feitas para criar encantadoras ilusões. Esse infortúnio vem apresentar sua cabeça hedionda nos momentos mais ternos, como para desafiar o amante e fazê-lo sentir, ao mesmo tempo, tanto toda a felicidade de ser amado pela criatura encantadora e insensível que ele aperta nos braços como o fato de que essa felicidade nunca será sua. É talvez, depois do ciúme, a desgraça mais cruel.

---

* Há todo ano vários exemplos de mulheres abandonadas de forma igualmente vil, e perdoo a desconfiança das mulheres honestas. — Mirabeau, *Lettres à Sophie*. A opinião pública não tem força nos países despóticos: só a amizade do paxá é real.

Ainda nos lembramos, numa cidade grande,* de um homem suave e terno arrastado por uma raiva dessa espécie a matar sua amante que só o amava por picuinha contra sua irmã. Uma noite, ele a convenceu a darem um passeio no mar, a sós, numa linda lancha que ele mesmo preparara; chegando no mar alto, toca numa engrenagem, a lancha se abre e desaparece para sempre.

Vi um homem de sessenta anos se pôr a sustentar a atriz mais caprichosa, mais louca, mais agradável, mais surpreendente do teatro de Londres, miss Cornel.

— E você pretende que ela lhe seja fiel? — diziam-lhe.

— De jeito nenhum; só que ela me amará, e talvez loucamente.

E ela o amou um ano inteiro, e muitas vezes a ponto de perder a razão; e ficou até três meses seguidos sem lhe dar motivos de queixa. Ele criara uma picuinha de amor-próprio chocante, em muitos aspectos, entre sua amante e sua filha.

A *picuinha* triunfa no amor-gosto, que ela transforma em destino. É a experiência pela qual melhor se diferencia o amor-gosto do amor-paixão. É uma velha máxima de guerra que se diz para os jovens, quando chegam ao regimento, essa de que se eles têm um bilhete de alojamento para uma casa onde há duas irmãs, e querem ser amados por uma delas, é preciso cortejar a outra. Junto à maioria das mulheres espanholas jovens, e que fazem amor, se você quer ser amado basta mostrar com boa-fé e modéstia que não tem nada no coração pela dona da casa. Sei dessa máxima útil pelo afável general Lassale. É a maneira mais perigosa de atacar o amor-paixão.

A picuinha de amor-próprio faz a liga dos casamentos mais felizes, depois daqueles que o amor formou. Muitos maridos se asseguram por longos anos do amor de sua mulher pegando uma amantezinha dois meses depois do ca-

* Livorno, 1819.

SOBRE O AMOR

samento.* Faz-se nascer o hábito de pensar apenas em um só homem, e os laços de família vêm torná-lo invencível.

Se no século e na corte de Luís XV viu-se uma grande dama (sra. de Choiseul) adorar o marido,** foi porque ele parecia ter um profundo interesse por sua irmã, a duquesa de Gramont.

A amante mais abandonada, a partir do momento em que nos faz ver que prefere outro homem, tira nosso sossego e joga em nosso coração todas as aparências da paixão.

A coragem do italiano é um acesso de raiva, a coragem do alemão, um momento de embriaguez, a coragem do espanhol, um toque de orgulho. Se houvesse uma nação em que a coragem costumasse ser uma picuinha de amor-próprio entre os soldados de cada companhia, entre os regimentos de cada divisão, como já não haveria nas derrotas um ponto de apoio não se saberia como deter os exércitos dessa nação. Prever o perigo e procurar remediá-lo seria o grande ridículo entre esses fujões vaidosos.

"Basta ter aberto uma descrição qualquer de uma viagem entre os selvagens da América do Norte", diz um dos mais agradáveis filósofos franceses,*** "para saber que a sorte corrente dos prisioneiros de guerra é não só serem queimados vivos e comidos, mas serem antes amarrados a um poste perto de uma fogueira em chamas, para ali ficar durante várias horas atormentados por tudo o que a raiva pode imaginar de mais feroz e de mais requintado. É preciso ler o que contam dessas horrendas cenas os viajantes testemunhas da alegria canibal dos assistentes, e sobretudo do furor das mulheres e crianças, e de seu prazer atroz em rivalizar em crueldade. É preciso ver o que eles acrescentam sobre a firmeza heroica, o sangue-frio inalterável do prisioneiro, que não só não dá nenhum sinal de dor como

* Ver as *Confessions d'un homme singulier* (conto de Mrs. Opie).
** *Lettres* de Madame du Deffant, *Mémoires* de Lauzun.
*** Volney, *Tableau des États-Unis d'Amérique*, pp. 491-6.

enfrenta e desafia seus carrascos com tudo o que o orgulho tem de mais altivo, a ironia mais amarga, o sarcasmo mais insultante; cantando suas próprias façanhas, enumerando seus parentes, os amigos dos espectadores que ele matou, detalhando os suplícios que os fez sofrer, e acusando todos aqueles que o cercam de covardia, pusilanimidade, ignorância em matéria de tormentos, até que, caindo aos trapos e devorado vivo diante de seus próprios olhos, por seus inimigos inebriados de furor, o último sopro de sua voz e sua última injúria se exalam junto com sua vida.* Tudo isso seria inacreditável nas nações civilizadas, parecerá uma fábula para nossos mais intrépidos capitães de granadeiros, e será um dia posto em dúvida pela posteridade."

Esse fenômeno fisiológico decorre de um estado particular da alma do prisioneiro que estabelece entre ele, de um lado, e todos os seus carrascos, de outro, uma luta de amor-próprio, uma aposta de vaidade para ver quem não vai ceder.

Nossos bravos cirurgiões militares muitas vezes observaram que os feridos que, num calmo estado de espírito e de sentidos, teriam soltado fortes gritos durante certas operações só mostram, ao contrário, calma e grandeza de alma se são preparados de certa maneira. Trata-se de espicaçá-los em sua honra; é preciso alegar, primeiro com jeito e depois com irritante contradição, que não estão em condições de suportar a operação sem dar gritos.

---

* Uma criatura acostumada a um espetáculo desses, e que se sente exposta a ser seu herói, pode ser atenta somente à grandeza da alma, e então esse espetáculo é o mais íntimo e o primeiro dos prazeres não ativos.

39.
Sobre o amor de brigas

Há duas espécies dele:

1º Aquele em que o brigão ama;

2º Aquele em que não ama.

Se um dos dois amantes é demasiado superior nas vantagens que os dois estimam, o amor do outro precisa morrer, pois o temor do desprezo virá cedo ou tarde deter simplesmente a cristalização.

Nada é tão odioso para as pessoas medíocres como a superioridade do espírito: é esta, no mundo de nossos dias, a fonte do ódio; e se não devemos a esse princípio ódios atrozes, é unicamente porque as pessoas que ele separa não são obrigadas a viver juntas. O que será do amor em que, tudo sendo natural, mais ainda por parte do ser superior, a superioridade não é mascarada por nenhuma precaução social?

Para que a paixão possa viver, é preciso que o inferior maltrate seu *partner*, do contrário este não poderá fechar uma janela sem que o outro não se julgue ofendido.

Quanto ao ser superior, ele se ilude, e o amor que sente não só não corre nenhum risco como quase todas as fraquezas na pessoa que amamos a tornam mais querida para nós.

Imediatamente depois do amor-paixão e correspondido entre pessoas do mesmo valor, é preciso colocar, pela duração, o *amor de brigas*, no qual quem briga não ama.

Encontraremos exemplos nas histórias relativas à duquesa de Berry (*Mémoires de Duclos*).

Participando da natureza dos hábitos frios baseados no lado prosaico e egoísta da vida e companheiros inseparáveis do homem até o túmulo, esse amor pode durar mais tempo que o próprio amor-paixão. Mas não é mais amor, é um hábito provocado pelo amor, e que dessa paixão tem apenas as lembranças e o prazer físico. Esse hábito supõe necessariamente almas menos nobres. Todo dia arma-se um pequeno drama que ocupa a imaginação: "Ele vai ralhar comigo?"; assim como no amor-paixão precisava-se diariamente de alguma nova prova de ternura. Ver as histórias sobre Madame d'H[oudetot] e Saint-Lambert.*

É possível que o orgulho recuse a se habituar a esse gênero de interesse; então, depois de alguns meses de tempestades, o orgulho mata o amor. Mas vemos essa nobre paixão resistir muito tempo antes de expirar. As briguinhas do amor feliz iludem por muito tempo um coração que ainda ama e se vê maltratado. Certas afetuosas reconciliações podem tornar a transição mais suportável. A pretexto de alguma tristeza secreta, de alguma desgraça de fortuna, a mulher desculpa o homem a quem amou muito; habituamo-nos, enfim, a que briguem conosco. De fato, onde encontrar, fora do amor-paixão, fora do jogo, fora da posse do poder,** outra fonte de interesse para todos os dias, comparável a esta pela intensidade? Se quem briga vier a morrer, veremos a vítima que sobrevive jamais se consolar. Esse princípio constitui o laço de muitos casamentos burgueses; o repreendido fala o dia todo de quem mais ama.

---

* *Mémoires*, de Madame d'Épinay, creio, ou de Marmontel.
** Apesar do que dizem certos ministros hipócritas, o poder é o primeiro dos prazeres. Parece-me que só o amor pode vencê-lo, e o amor é uma doença feliz que não podemos conseguir como um ministério.

SOBRE O AMOR

Há uma falsa espécie de amor de brigas. Tirei da carta de uma mulher infinitamente inteligente o capítulo 33:

"Sempre uma duvidazinha a aplacar, eis o que faz a sede de todos os instantes do amor-paixão... Como o temor mais profundo jamais o abandona, seus prazeres jamais podem entediar."

Entre as pessoas toscas ou mal-educadas, ou de índole extremamente violenta, essa duvidazinha a aplacar, esse leve medo se manifestam por uma briga.

Se a pessoa amada não tem extrema suscetibilidade, fruto de uma educação apurada, pode encontrar mais intensidade, e por conseguinte mais encanto, num amor dessa espécie; e até mesmo, com toda a delicadeza possível, se vir que o *furioso* é a primeira vítima de seus arroubos, é muito difícil não o amar ainda mais. Do que lorde Mortimer talvez mais tenha saudade em relação à sua amante sejam os castiçais que ela lhe jogava na cabeça. Com efeito, se o orgulho perdoa e admite tais sensações, é preciso convir que elas travam uma guerra cruel contra o tédio, esse grande inimigo das pessoas felizes.

Saint-Simon, o único historiador que a França teve, diz (tomo v, p. 43):

"Depois de muitas aventuras, a duquesa de Berry se apaixonara de vez por Rions, benjamim da casa d'Aydie, filho de uma irmã da sra. de Biron. Ele não tinha bom semblante nem espírito; era um rapaz gordo, baixo, bochechudo e pálido que, com muitas borbulhas, parecia-se bastante com um abscesso; tinha belos dentes e não imaginara causar uma paixão que, num piscar de olhos, se tornou desenfreada e durou para sempre, sem no entanto impedir as aventuras e os prazeres oblíquos; nada tinha de intrépido, mas muitos irmãos e irmãs que não o eram mais que ele. O sr. e a sra. de Pons, açafata da sra. duquesa de Berry, eram seus parentes e da mesma província; mandaram buscar o rapaz, que era tenente dos dragões, para tentar fazer dele alguma coisa. Mal chegou, a preferência se declarou, e ele foi o senhor no Luxemburgo.

"O sr. de Lauzun, de quem ele era sobrinho-neto, ria à socapa; estava radiante e via-se renascer nele, no Luxemburgo, no tempo de Mademoiselle; dava-lhe instruções, e Rions, que era doce e naturalmente polido e respeitoso, bom e honesto rapaz, as escutava; mas logo sentiu o poder e seus encantos, que não podiam senão cativar a incompreensível fantasia dessa princesa. Sem abusar deles com outra pessoa, fez-se amar por todos; mas tratou sua duquesa como o sr. de Lauzun tratara Mademoiselle. Logo foi adornado com as mais ricas rendas, as mais ricas roupas, munido de dinheiro, fivelas, joias; fazia-se desejar, gostava de provocar ciúme na princesa, e parecer ele mesmo ciumento; volta e meia a fazia chorar; pouco a pouco, acuou-a a nada fazer sem sua permissão, nem sequer as coisas indiferentes: ora pronta para sair e ir à Ópera, ele a mandava ficar; outras vezes a mandava ir sem que ela quisesse; obrigava-a a tratar bem senhoras de quem ela não gostava, ou de quem tinha ciúme, e tratar mal pessoas que lhe agradavam e de quem ele tinha ciúme. Nem para seus enfeites ela tinha a menor liberdade; ele se divertia em fazê-la se despentear, ou em mandá-la trocar de roupas quando estava pronta, e isso com tanta frequência, e às vezes de modo tão público, que ele a acostumara, à noite, a acatar suas ordens para os enfeites e os afazeres do dia seguinte, e no dia seguinte mudava tudo, e a princesa chorava mais e mais; por fim, ela chegara ao ponto de lhe enviar mensagens por criados de confiança, pois ele se instalara bem pertinho do Luxemburgo; e as mensagens eram várias vezes reiteradas durante sua toalete para saber quais fitas ela poria, e o mesmo com o vestido e outros enfeites, e quase sempre ele a fazia usar o que ela não queria. Se às vezes ela ousava se arriscar à menor coisa sem sua licença, ele a tratava como a uma criada, e muitas vezes as lágrimas duravam vários dias.

SOBRE O AMOR

"Essa princesa tão fantástica, e que gostava tanto de mostrar e exercer o mais desmedido orgulho, aviltou-se ao fazer refeições obscuras com ele e com pessoas sem eira nem beira; ela, com quem ninguém podia comer se não fosse príncipe de sangue. O jesuíta Riglet, que ela conhecera quando criança e que a educara, era admitido nessas refeições particulares, sem que ele se envergonhasse nem que a duquesa ficasse constrangida: a sra. de Mouchy era a confidente de todas essas estranhas peculiaridades; ela e Rions convocavam os convivas e escolhiam os dias. Essa dama reconciliava os amantes, e essa vida era totalmente pública no Luxemburgo, onde tudo se dirigia a Rions, que de seu lado tomava o cuidado de viver bem com todos, e com um ar de respeito que ele recusava, em público, só à sua princesa. Diante de todos, dava-lhe respostas bruscas que faziam os presentes baixar os olhos, e a duquesa corar, e ela não tolhia suas maneiras apaixonadas por ele."

Rions era para a duquesa um supremo remédio contra o tédio.

Uma mulher célebre diz de repente ao general Bonaparte, então jovem herói coberto de glória e sem crimes contra a liberdade:

— General, uma mulher só pode ser sua esposa ou sua irmã.

O herói não entendeu o cumprimento; a vingança foi com belas injúrias. Essas mulheres gostam de ser desprezadas por seu amante, só amam o cruel.

39 *bis.*
Remédios para o amor

O salto dado do Lêucade era uma bela imagem na antiguidade.[26] De fato, o remédio para o amor é quase impossível. É preciso não só o perigo, que chama fortemente a atenção do homem para o cuidado de sua própria conservação,* mas é preciso, o que é bem mais difícil, a continuidade de um perigo atraente e que se possa evitar por destreza, a fim de que o hábito de pensar em sua própria conservação tenha tempo de nascer. Não vejo senão uma tempestade de dezesseis dias, como a de don Juan,** ou o naufrágio do sr. Cochelet entre os mouros, do contrário adquirimos rapidamente o hábito do perigo, e até mesmo recomeçamos a pensar em quem amamos, com mais encanto ainda, quando estamos de sentinela a vinte passos do inimigo.

Conforme repetimos incessantemente: o amor de um homem que ama *frui* ou *vibra* com tudo o que imagina, e não há nada na natureza que não lhe fale de quem ele ama. Ora, fruir e vibrar constitui uma ocupação muito interessante, e ao lado da qual todas as outras parecem pálidas.

Um amigo que quer proporcionar a cura do doente deve, primeiro, tomar sempre o partido da mulher ama-

---

* O perigo de Henri Morton, no Clyde. *Old Mortality*, tomo IV, p. 224.
** Do muitíssimo elogiado lorde Byron.

SOBRE O AMOR   145

da, e todos os amigos que têm mais zelo que espírito não deixam de fazer o contrário.

Isso é atacar com forças ridiculamente desiguais esse conjunto de ilusões encantadoras que outrora chamamos cristalizações.*

O amigo que vai curar deve ter diante dos olhos que, caso se apresente um absurdo em que se deve crer, como o amante precisa devorá-lo ou renunciar a tudo o que o liga à vida, ele o devorará, e com toda a inteligência possível negará em sua amante os vícios mais evidentes e as infidelidades mais atrozes. É assim que no amor-paixão, com um pouco de tempo, tudo se perdoa.

Nos temperamentos sensatos e frios, para que devore os vícios o amante precisará não os perceber a não ser depois de muitos meses de paixão.**

Bem longe de tentar grosseira e abertamente distrair o amante, o amigo que ajuda a curar deve lhe falar até a saciedade, tanto de seu amor quanto de sua amante, e ao mesmo tempo fazer nascer sob seus passos uma profusão de pequenos acontecimentos. Quando *isola*, a viagem não é remédio,*** e aliás nada lembra mais ternamente quem amamos do que os contrastes. Foi no meio dos brilhantes salões de Paris, e ao lado das mulheres elogiadas como as mais adoráveis, que mais amei minha pobre amante, solitária e triste, em seu pequeno apartamento, no fundo da Romanha.****

Eu espiava sobre o pêndulo maravilhoso do brilhante

---

* Unicamente para abreviar, e pedindo desculpas pela palavra nova.

** Madame Dornal et Serigny, *Confessions du comte...*, de Duclos. Ver terceira nota da p. 44; morte do general Abdhallah, em Bolonha.

*** Chorei quase todos os dias (preciosas palavras do dia 10 de junho).

**** Salviati.

salão onde estava exilado a hora em que ela sai a pé, e sob a chuva, para ir ver sua amiga. Foi procurando esquecê-la que vi que os contrastes são a fonte de lembranças menos intensas mas bem mais celestiais que aquelas que vamos buscar nos lugares onde outrora a reencontramos.

Para que a ausência seja útil, o amigo que ajuda a curar precisa estar sempre ali, para levar o amante a fazer to-das as reflexões possíveis sobre os acontecimentos de seu amor, e que ele trate de tornar tediosas as suas reflexões, por seu tamanho ou sua pouca pertinência; isso lhes causa o efeito de lugares-comuns: por exemplo, ser afetuoso e sentimental depois de um jantar alegrado por bons vinhos.

Se é tão difícil esquecer uma mulher ao lado de quem encontramos a felicidade, é que há certos momentos que a imaginação não consegue se cansar de representar e embelezar.

Não digo nada do orgulho, remédio cruel e soberano, mas que não é para uso das almas ternas.

As primeiras cenas do *Romeu* de Shakespeare formam um quadro admirável: há uma boa distância entre o ho-mem que pensa tristemente: "*She hath forsworn to love*" e aquele que exclama no auge da felicidade: "*Come what sorrow can!*".[27]

39 *ter.*

> *Her passion will die like a lamp for want*
> *of what the flame should feed upon.*
> Walter Scott, *A noiva de Lammermoor*, II, 116.[28]

O amigo que cura deve evitar as más razões, por exemplo falar de *ingratidão*. Ressuscitar a cristalização é preparar para ele uma vitória e um novo prazer.

Não pode haver ingratidão no amor; o prazer atual sempre compensa, e mais que isso, os sacrifícios aparentemente maiores. Não vejo outros erros possíveis além da falta de franqueza; precisa-se acusar somente o estado de seu coração.

Por pouco que o amigo que cura ataque o amor de frente, o amante responde:

— Estar apaixonado, mesmo com a raiva de quem se ama, não deixa de ser, para me rebaixar ao seu estilo de comerciante, ter um bilhete de loteria, cuja felicidade está a mil léguas acima de tudo o que você pode me oferecer, no seu mundo, de indiferença e de interesse pessoal. É preciso ter muita vaidade, e da bem pequena, para ser feliz por ser bem recebido. Não critico os homens por agirem assim em seu mundo. Mas ao lado de Léonore eu encontrava um mundo no qual tudo era celeste, terno, generoso. A mais sublime e quase inacreditável virtude do seu mundo, em nossas conversas, não era mais que uma virtude ordinária e de todos os dias. Deixe-me ao menos sonhar com a felicidade de passar minha vida ao lado de tal criatura. Embora eu veja muito bem que a calúnia me perdeu e que não tenho mais esperança, pelo menos farei por ela o sacrifício de minha vingança.

Não se pode deter o amor, a não ser em seus começos. Além da pronta partida, e das distrações obrigatórias da alta sociedade, como no caso da condessa Kalenberg, há várias pequenas astúcias que o amigo que cura pode pôr em prática. Por exemplo, deixará escapar diante dos seus olhos, como por acaso, que a mulher que você ama não tem por você, fora o que é o objeto da guerra, as considerações de cortesia e estima que ela conferia ao seu rival. As menores coisas bastam, pois tudo é *sinal* de amor; por exemplo, ela não lhe dá o braço para subir ao seu camarote; essa bobagem, encarada tragicamente por um coração apaixonado, ligando uma humilhação a cada julgamento que forma a cristalização, envenena a fonte do amor e pode destruí-lo.

É possível acusar a mulher que se comporta mal com nosso amigo de um defeito físico e ridículo, impossível de verificar; se o amante pudesse verificar a calúnia, ainda que a julgasse fundada, ela se tornaria devorável pela imaginação e em breve desapareceria. Só a imaginação pode resistir a si mesma; Henrique III bem o sabia, quando falava mal da célebre duquesa de Montpensier.

Portanto, é a imaginação que se deve, acima de tudo, defender numa mocinha que desejamos preservar do amor. E quanto menos vulgaridade tiver no espírito, mais sua alma será nobre e generosa, mais, em suma, será digna de nossos respeitos, e maior será o perigo que corre.

É sempre perigoso, para uma pessoa jovem, sofrer pelo fato de suas lembranças se ligarem de maneira repetida, e com demasiada complacência, ao mesmo indivíduo. Se o reconhecimento, a admiração ou a curiosidade vêm redobrar os laços da lembrança, com certeza ela está quase na beira do precipício. Quanto maior for o tédio da vida habitual, mais ativos serão os venenos chamados gratidão, admiração, curiosidade. Então, é preciso uma rápida, pronta e enérgica distração.

Assim, um pouco de rudeza e de descaso na primeira abordagem, se a droga for ministrada com naturalidade, será quase um meio seguro de se fazer respeitar por uma mulher de espírito.

Notas

1. "Que tenhais se tornado ridículo por uma jovem mulher, pois bem!, é caso corrente de muitos homens de bem." O *pirata*, de Walter Scott. O romance foi traduzido em francês em 1822. [Todas as notas de fim são da tradutora.]
2. O capitão de Vésel alude ao relato *Aventure et conversation de M. le Baron de Besenval avec une dame de Wesel*, do barão de Besenval (1809), um dos autores favoritos de Stendhal. O policial de Cento alude a uma tragédia ocorrida nessa cidade italiana no início do século XIX, quando um policial da gendarmeria, apaixonado e desesperançado, morreu junto com a namorada, ambos se envenenando.
3. Referência à personagem do romance libertino do marquês de Sade, *Justine ou as desgraças da virtude* (1791).
4. Stendhal foi o primeiro a dar à palavra a nova acepção, hoje corrente, no sentido de fixação, concretização de sentimentos e ideias.
5. Personagem fictício do ensaio, a quem Stendhal simboliza como um inimigo do amor-paixão. Talvez inspirado no músico Rossini, de quem Stendhal se tornara amigo.
6. Marie de Vichy-Champrond (1697-1780), uma das mais notáveis aristocratas intelectuais de sua época e autora de vários livros, se apaixonou com quase setenta anos, e já cega, pelo escritor inglês Horace Walpole, então com cinquenta e seis.
7. Léonore é o nome usado por Stendhal neste livro para se referir a Matilde Viscontini-Dembowski, a grande paixão de sua vida, e que está presente em várias páginas da obra.

8. Caprichoso.

9. Alusão a Francesca Traversi, prima de Matilde, com quem costumava falar mal de Stendhal.

10. "... de ser um imenso admirador de milady L", isto é, de Léonore, na vida real: Matilde. Stendhal começou a escrever *Sobre o amor*, em 1819-20, quando a ligação de ambos chegara ao fim. Publicado em 1822, o livro foi visto como uma confissão disfarçada do autor a Matilde, que morrerá em 1825.

11. Jeanne-Adelaide-Gérardine Olivier, atriz do Théâtre-Français.

12. Trecho considerado uma alusão a seu encontro com Matilde Dembowski em Volterra, em 1819, quando foi mal recebido pela mulher por quem se apaixonara no ano anterior.

13. No original: *coup de foudre*.

14. Alusão às desavenças entre o escritor francês Paul-Louis Courier e Francesco Del Furia, bibliotecário de Florença. Acusado de ter manchado de tinta um manuscrito de Longus que ele descobrira e de que pegara uma cópia, Courier se vingou publicando o panfleto *Lettre à M. Renouard libraire sur une tache faite à un manuscrit de Florence*, em 1810.

15. *Le Miroir* era um jornal monarquista, literário e político da época da Restauração.

16. O conde Giovanni Giraud (1776-1834), autor de comédias que Stendhal apreciava pelas tiradas maliciosas.

17. "Como o céu mais negro anuncia a mais terrível tempestade." Byron, *Don Juan*, canto I.

18. O devasso herói do romance *Clarissa Harlowe*, de Samuel Richardson.

19. "Digo-te, valente templário, que em teus mais furiosos combates tua coragem vangloriada não se mostrou maior que a mostrada por uma mulher que sofre por afeição ou dever." Walter Scott, *Ivanhoé*.

20. "É esta moça que nos dá espírito."

21. Vazio completo.

22. Alusão a 11 de abril de 1814, dia em que Napoleão abdicou.

23. Alusão ao *Werther*, de Goethe: "Às vezes agarro meu vizinho pela mão, sinto que ela é de madeira e recuo".

NOTAS

24. "Eles amam o gládio." Juvenal, *Sátiras*, VI, 112.
25. "Vamos buscar bem longe, em vez de morrer,/ Algum pretexto amigo para viver e para sofrer."
26. Cabo das Ilhas Jônicas onde havia um templo de Apolo e um promontório de onde jovens amantes infelizes se jogavam no mar.
27. "Ela fez o voto de não mais amar." "Venha a tristeza que vier."
28. "Sua paixão morrerá como uma lâmpada por falta do que alimenta a chama."

LEIA MAIS PENGUIN-COMPANHIA
CLÁSSICOS

Stendhal
A cartuxa de Parma

Tradução de
ROSA FREIRE D'AGUIAR
Introdução de
JOHN STURROCK

Escrito em inacreditáveis 53 dias, no final de 1838, *A cartuxa de Parma* narra as desventuras de Fabrice Del Dongo, um jovem vibrante, idealista e imaturo que decide se unir ao Exército de Napoleão Bonaparte.

Quando Fabrice retorna a Palma, uma sequência de amores irresponsáveis, brigas, fugas e processos jurídicos transportam o leitor à Itália do início do século XIX. Ele reencontra sua tia, a duquesa Gina Sanseverina, agora comprometida com um importante ministro, e acaba interferindo na política local. A prosa ágil de Stendhal e a estrutura episódica da trama dão ainda mais charme às intrigas e conspirações de bastidores, potencializadas por recursos como cartas anônimas e envenenamentos.

O notável tratamento dado por Stendhal à batalha de Waterloo, por onde o protagonista vagueia sem saber que está no meio de um acontecimento importante, entusiasmou nomes como Liev Tolstói, que assume a influência da obra sobre *Guerra e paz*, e Ernest Hemingway. Logo no lançamento, o livro mereceu elogios até do conterrâneo Honoré de Balzac.

WWW.PENGUINCOMPANHIA.COM.BR

LEIA MAIS PENGUIN-COMPANHIA
CLÁSSICOS

William Shakespeare

Otelo

Tradução, introdução e notas de
LAWRENCE FLORES PEREIRA
Ensaio de
W. H. AUDEN

Em Veneza, Otelo, um general mouro a serviço do Estado, conquista Desdêmona, uma jovem, filha de um nobre local. Após enfrentar a ira do pai e defender-se com sucesso contra a acusação de tê-la "enfeitiçado", ele parte a Chipre em companhia da esposa para combater o inimigo turco-otomano. Lá, seu alferes, o manipulador Iago, consegue paulatinamente instilar na mente do mouro a suspeita de que Desdêmona o traiu. *Otelo* é a tragédia em que Shakespeare estudou os mecanismos da imaginação, da paixão e do ciúme.

Em nova tradução de Lawrence Flores Pereira, que recria a linguagem grandiosa de Otelo e a prosa nefasta de Iago, esta nova edição é acompanhada de uma longa introdução e notas contextuais do tradutor, bem como de um ensaio de W. H. Auden.

WWW.PENGUINCOMPANHIA.COM.BR

LEIA MAIS PENGUIN-COMPANHIA
CLÁSSICOS

William Shakespeare

Romeu e Julieta

Tradução e notas de
JOSÉ FRANCISCO BOTELHO
Introdução de
ADRIAN POOLE

Há muito tempo duas famílias banham em sangue as ruas de Verona. Enquanto isso, na penumbra das madrugadas, ardem as brasas de um amor secreto. Romeu, filho dos Montéquio, e Julieta, herdeira dos Capuleto, desafiam a rixa familiar e sonham com um impossível futuro, longe da violência e da loucura.

Romeu e Julieta é a primeira das grandes tragédias de William Shakespeare, e esta nova tradução de José Francisco Botelho recria com maestria o ritmo ao mesmo tempo frenético e melancólico do texto shakespeariano. Contando também com um excelente ensaio introdutório do especialista Adrian Poole, esta edição traz nova vida a uma das mais emocionantes histórias de amor já contadas.

WWW.PENGUINCOMPANHIA.COM.BR

LEIA MAIS PENGUIN-COMPANHIA
CLÁSSICOS

William Shakespeare

Hamlet

Tradução, introdução e notas de
LAWRENCE FLORES PEREIRA
Ensaio de
T.S. ELIOT

Um jovem príncipe se reúne com o fantasma de seu pai, que alega que seu próprio irmão, agora casado com sua viúva, o assassinou. O príncipe cria um plano para testar a veracidade de tal acusação, forjando uma brutal loucura para traçar sua vingança. Mas sua aparente insanidade logo começa a causar estragos — para culpados e inocentes.

Esta é a sinopse da tragédia de Shakespeare, agora em nova e fluente tradução de Lawrence Flores Pereira. Mas a trama inventada pelo dramaturgo inglês vai muito além disso: *Hamlet* é um dos momentos mais altos da criação artística mundial, um retrato — eletrizante e sempre contemporâneo — da vida emocional de um *Homo sapiens* adulto.

WWW.PENGUINCOMPANHIA.COM.BR

LEIA MAIS PENGUIN-COMPANHIA
CLÁSSICOS

Ivan Turguêniev

Primeiro amor

Tradução do russo e introdução de
RUBENS FIGUEIREDO

Em um passeio por sua casa de veraneio nos arredores de Moscou, Vladímir Petróvitch, um garoto de dezesseis anos, filho único de uma família tradicional, vê uma moça exuberante brincando com amigos entre os arbustos da casa nos fundos da propriedade. Ele ainda não sabe, mas trata-se de Zinaida, filha de sua nova vizinha, e por quem irá viver uma paixão avassaladora.

À medida que eles se aproximam, fica claro quem está no controle da situação. Disposto a tudo para ter os seus sentimentos correspondidos, Vladímir terá de aprender rapidamente o intrincado jogo da sedução e do desejo, em que as regras são tão aleatórias quanto obscuras.

Primeiro amor foi publicado em 1860, quando Ivan Turguêniev tinha quarenta e dois anos. Admirado por Henry James e Gustave Flaubert, foi o primeiro autor russo a ser traduzido na Europa, reconhecido, ainda em vida, como um dos grandes escritores de sua época.

WWW.PENGUINCOMPANHIA.COM.BR

LEIA MAIS PENGUIN-COMPANHIA
CLÁSSICOS

Ovídio

Amores & Arte de amar

Tradução de
CARLOS ASCENSO ANDRÉ

Para o poeta latino Ovídio, o amor é uma técnica que, como toda técnica, pode ser ensinada e aprendida. Isso, porém, não é simples: "São variados os corações das mulheres; mil corações, tens de apanhá-los de mil maneiras", ele diz. Essas "mil maneiras" são ensinadas em sua *Arte de amar*, uma espécie de manual do ofício da sedução, da infidelidade, do engano e da obtenção do máximo prazer sexual, elaborado a partir das experiências vividas pelo poeta e descritas em *Amores*.

Autoproclamado mestre do amor, Ovídio versa sobre as regras da procura e da escolha da "vítima", o código de beleza masculino, o desejo da mulher, o ciúme, o domínio da palavra escrita e falada, o poder do vinho como aliado na sedução, o fingimento, a lisonja, as promessas, os homens que devem ser evitados, a técnica da carícia e os caminhos do corpo feminino, entre outros temas.

A edição da Penguin-Companhia das Letras tem tradução e introdução de Carlos Ascenso André, professor de línguas e literaturas clássicas da Faculdade de Letras de Coimbra, e apresentação e notas do inglês Peter Green, escritor, tradutor e jornalista literário.

WWW.PENGUINCOMPANHIA.COM.BR

Esta obra foi composta por Alexandre Pimenta em Sabon e impressa em ofsete pela Lis Gráfica sobre papel Pólen Natural da Suzano S.A. para a Editora Schwarcz em abril de 2025

A marca FSC® é a garantia de que a madeira utilizada na fabricação do papel deste livro provém de florestas que foram gerenciadas de maneira ambientalmente correta, socialmente justa e economicamente viável, além de outras fontes de origem controlada.